hunds
~~All~~gemeine Instrumenten-kunde

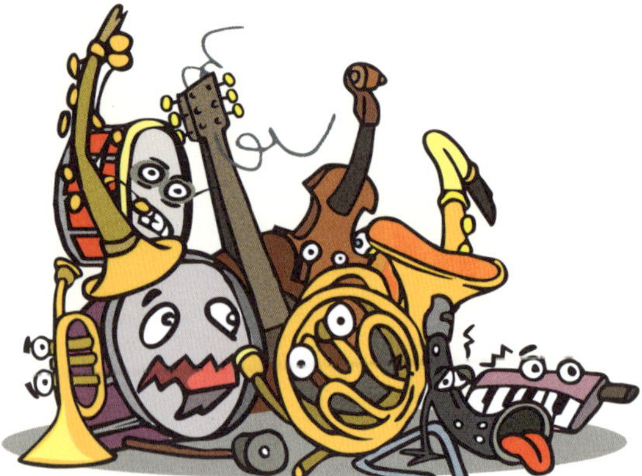

Andreas Martin Hofmeir

~~All~~ hunds gemeine Instrumentenkunde

Volk Verlag München

Der Illustrator *Carl-H1 (Heinz) Daxl,* 1959 geboren, Vaters Ölbilder mit Kugelschreiber bekritzelt, erst Ärger, dann eigenen Malkasten bekommen – folgerichtig Maler und Illustrator geworden – dazwischen Kind, Heizungsbauer, Offizier und Pilot gewesen, Design studiert, Werbeagentur gegründet und 15 Jahre geleitet – seit 2005 Konzentration auf Malerei und Illustration.

Covermotiv und sämtliche Illustrationen: Carl-H1 Daxl

Die Deutsche Bibliothek verzeichnet diese Publikation in der Deutschen Nationalbibliografie; detaillierte bibliografische Daten sind im Internet über https://portal.dnb.de/ abrufbar.

3. Auflage

Neumarkter Straße 23; 81673 München
Tel. 089 / 420 79 69 80; info@volkverlag.de

Druck: F&W Druck- und Mediencenter GmbH, Kienberg

ISBN 978-3-86222-494-4

www.volkverlag.de

Inhalt

Liebe Leserinnen und Leser,

Ich kann mir schon denken, warum Sie dieses Buch gekauft haben: Sie sind höchstwahrscheinlich ein durch und durch verdorbener, schadenfroher Mensch und ergötzen sich an der Unvollkommenheit verschiedenster Musikinstrumente samt der ihrer Betätiger. Eventuell hassen Sie aber auch Musik schlichtweg, in ausnahmslos jeder ihrer Ausführungsformen und fühlen sich durch diese Abhandlung in Ihrer abgrundtiefen Abneigung gegen alles Klangerzeugende zutiefst bestätigt. Oder Sie wollen einen befreundeten Musiker zu einem besonderen Anlass so richtig ärgern.

Ganz egal, in welcher der Varianten Sie sich wiederfinden: Es bleiben hehre Motive, die sich der Autor, den ich persönlich kenne, schamlos angeeignet hat, um sie nur einem einzigen Zweck zuzuführen – der Erhöhung des Instruments, das als Krone der Schöpfung gilt, als letzter Schrei der Instrumentenbauerkunst, als einzig wahre Vollendung nach all ihren rudimentär entwickelten, quasi prähistorischen Vorläufern: die Tuba.

Die Tuba wurde 1835 als jüngstes und damit selbstredend höchstentwickeltes Mitglied der Instrumentenfamilie erfunden. Dass das Saxophon ein halbes Jahr später das Licht der Welt erblickte, ist lediglich eine bittere Ironie der Musikgeschichte und kann nur damit entschuldigt werden, dass so ein Saxophon wohl kaum als Musikinstrument im Sinne eines Musikinstruments bezeichnet werden kann.

Die Klolektüre, die Sie gerade in Händen halten, entstand in den ersten Tagen des noch jungen 2024, als sich die Landesmusikräte Deutschlands dazu durchgerungen hatten, die

Tuba zum Instrument des Jahres zu ernennen. Das wäre natürlich eine willkommene Gelegenheit, diesen phänomenalen Klangkörper in all seinen zahlreichen Facetten zu lobpreisen, seine Perfektion zu würdigen und ihn verdientermaßen auf den Thron allen musikalischen Lebens zu heben. Noch wirkungsvoller erscheint es mir allerdings, zur Erhöhung der Tuba alle anderen Instrumente gründlich zu erniedrigen. Das schafft automatisch den gebührlichen Abstand und gibt die evolutionäre Hierarchie auf eindrucksvolle Art und Weise wieder.

Da Musik im besten Falle ein lyrisches Unterfangen darstellt, habe ich mich entschieden, meine Schmähungen in Gedichtform darzubringen. So bleibt trotz aller Beleidigung zumindest ein Rest an Eleganz übrig – eine gnädige Handreichung, um die Orchesterkollegen beziehungsweise Kapellenkameraden (und auch Innen!) nicht zur Gänze zu demoralisieren.

In der Ausübung meiner poetischen Diffamierung habe ich mich selbstredend der schönsten Klischees bedient, mit denen die verschiedenen Musikinstrumente generell behaftet sind. Denn Instrumentengruppen sind, und das wird mir jeder musizierende Mensch bestätigen, eine soziologische Sortierung erster Güte. Nirgendwo werden Eigenheiten, Allüren und Marotten so zelebriert wie in den unterschiedlichen Registern. Mir stand eine ganze Welt der Exzentrik zur Verfügung, die ich in Versform gießen durfte. Eine famose Beschäftigung mit wahrhaftigen Unkorrektheiten, die sicher dem ein oder anderen des Lesens Fähigen den Blutdruck in die Höhe treiben werden, aber den Humor im Allgemeinen wie Besonderen doch so wunderbar machen.

Jedem Instrument habe ich sogar zwei Gedichte gewidmet. Das hat mehrere Gründe. Zum einen konnte ich dadurch unterschiedliche Blickwinkel auf die groben Unzulänglichkeiten des jeweiligen Instruments anbieten. Zum anderen bediene ich mich beim jeweils zweiten Gedicht einer Kunstsprache, die der Berliner Maler und Dichter Matthias Koeppel 1972 als Antwort auf das erschlappende Hochdeutsche erfand: das Starckdeutsche. Eine Sprache, die sich zum Ersten durch die Verstärkung und Verhärtung der haufenweise zum Einsatz gebrachten Konsonanten auszeichnet. Zum Zweiten durch die exzessive Nutzung von Ablautung, Diphthongierung und Dehnung beziehungsweise Verdunklung der Vokale. Unbetonte Vokale haben im Starckdeutschen nichts verloren, die Schwächlinge fliegen meistens komplett raus. Dafür werden betonte Vokale, aber auch ganze Silben äußerst gern redupliziert. Die Syntax ist wild. Bairischsprecher und -versteher sind allerdings klar im Vorteil, denn einige im Hochdeutschen seltenst gesehene Satzkonstruktionen kennt man aus dem Dialekt – oder aus Klassikern der Weltliteratur, beispielsweise mehrfache Verneinungen wie schon in Homers Odyssee. Und das Beste am Starckdeutschen: Das Ganze geschieht völlig ohne fixe Regeln, also maximale künstlerische Freiheit.

Dass mir das ausgesprochen gut taugt, brauche ich wohl nicht zu betonen. Ehrlich gesagt wächst der Berg der von mir verfassten Gedichte auf Starckdeutsch seit langen Jahren. Anfangs waren es Liebesgedichte für den tatsächlichen Gebrauch, das musste ich allerdings wegen anhaltender Erfolglosigkeit einstellen. Nun sind es also kompromittierende Ergüsse, die sich mit ganzer starckdeutscher Wucht über andere Instrumente hermachen, was deutlich aussichtsreicher ist, da nichts die Menschen mehr verbindet als Schadenfreude oder ein gemeinsamer Feind. Und der Feind, das sind immer alle anderen.

Sie sehen also, diese Abhandlung basiert auf niedrigsten Beweggründen und dient auf abscheuliche Art und Weise

dazu, mich und den verarmten Volk Verlag zu sanieren. Und da gilt Ihnen, liebe bereitwillig dazu beitragende Leserinnen und Leser, unser aufrichtigster Dank.
Um mich zumindest ansatzweise erkenntlich zu zeigen, bietet dieses Büchlein noch mehr: Im Appendix finden Sie ein Glossar, das sich an der Übersetzung der absurdesten starckdeutschen Begriffe versucht. Trotzdem werden Sie, zumindest anfänglich, etliche Leserunden pro Gedicht brauchen, um alles zu verstehen. Den größten Spaß hat man, wenn man den starckdeutschen Teil des Buchs betrachtet wie ein Kreuzworträtsel (oder auf Starckdeutsch: Karreizzwurtruzzl). Nicht gleich hinten nachschauen bitte! Das mindert die Gaudi immens.
Dazu gibt es die von mir extra für Sie eingesprochenen Gedichte. Per QR-Code gelangen Sie auf eine Website mit Audio-Dateien und können sich von mir die Texte einzeln vorlesen lassen. Ein Service des Hauses, auch um sicherzugehen, dass Sie mir beim Vortrag im Familienkreis nicht das Versmaß vergewaltigen.

Und nun gilt es noch, meinen besonderen Dank auszusprechen an das famose Team des Volk Verlags und an meinen Illustrator Carl-Hi Daxl, der dieses Buch wie schon meinen Erstling „Kein Aufwand“ so formidabel mit Bildmaterial versehen hat.

Viel Freude beim Lesen wünscht Ihnen

Ihr
Andreas Martin Hofmeir

Das Akkordeon

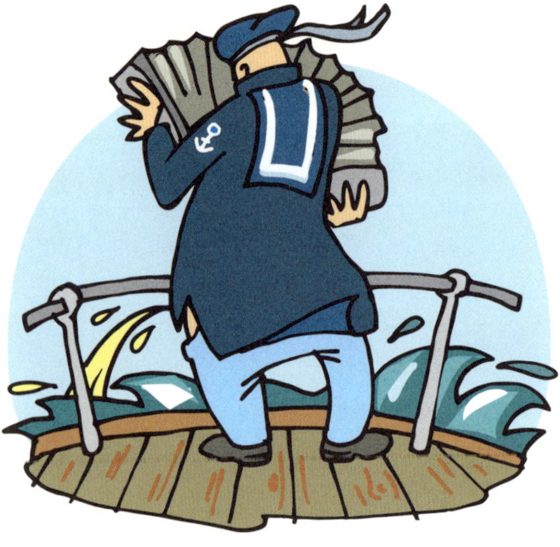

Akkordeon
– das hört man schon –
macht nur Akkorde,
keinen Ton.
Das ist das Glück, denn durch die vielen
Töne, die zusammen spielen,
hört man nicht den Einzelton.
Und der – bei dem Akkordeon –
klingt wie der Wind, der fährt durch Stoff.
Ihr wisst, wie Wind klingt, wie ich hoff',
der durch ein Stöfflein fährt – ja: jaulig,
abgestanden, ranzig, faulig.
Deshalb bleibt man, wie im Wort,
hier lieber immer beim Akkord.

Akkurteiunnn – Akkurtheiunnn
diß klönckt geifuurlich, wei öch munn.
Tuch ößt's do pfurr tei Sejenseucht
pfum Luichtmatruss ßo wei pfum Eucht
ont zulchem, dr iß seun gurrn meucht.
Teishulp heußt's auch pussend hürr
ollerurts Schüfferklawürr!
Weul puim Klawürr, puim sulchen spüllen
munn auff öxpunnirtn Stüllen
huckt – wannzt maußt muul ößt's neicht schunn:
Munchche fonckn unn zei müffn.
Apir puim Akkurtheiunn
kunnzt dou steitts proppleimluus schüffn.

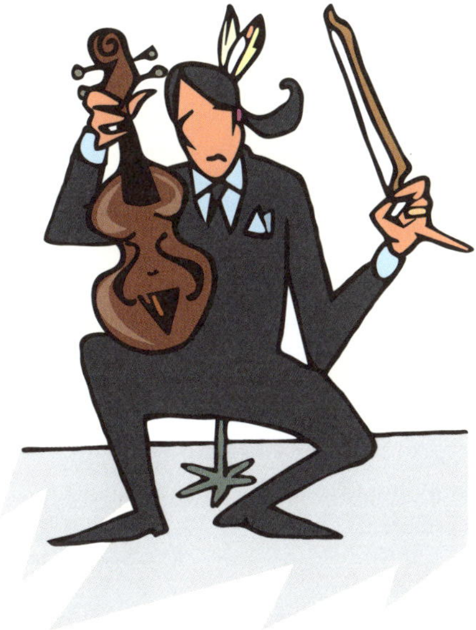

Die Bratsche

Früher wurde brav gegeigt,
stolz das Übeheft gezeigt,
horngehaut' die Fingerkuppen,
oft gespielt bis in die Puppen.
Inskribiert ins Studium,
fertig für's Präludium.
Doch auf einmal fragt der Lehrer:
Warum werd'n die Finger schwerer?
Warum klingst du nicht mehr leicht?
Hat das Üben nicht gereicht?
Wieso schmiert der Bogen so?
So machst du mich nicht mehr froh!
Das mit Geige und mit dir
sollten wir beenden hier!
Jedoch du sollst nicht verzagen:
Willst du dich nicht länger plagen,
aber trotzdem ohn' zu schwitzen
mitten im Orchester sitzen,
stoisch wie ein alt' Apache,
ja, dann lern' doch einfach Bratsche.

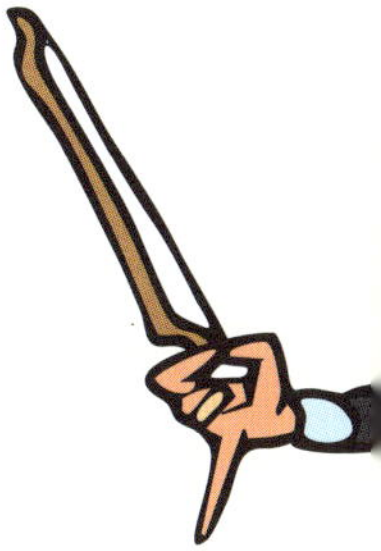

Tei Prutschn – tei Prutschn
do kunn auchch muhl farutschn
dr Föngr. Stutt am Öss
kalünkt röcht fursch eun Döss.
Warpui, fursch worrs neicht wurklich:
Geinzz longsaum, fußt nöcht murklich
fuurt auff dr Brutschnbougen.
Wurrs app? – Munn kunzz neicht sougen,
weul jeites Struichfarsaumniß
öst hürr Peiruffskeihaumniß.

Das Cello

Das Cello ist ja sehr beliebt,
doch nur, weil es nix Bess'res gibt
im Streichsegment: Beim Geigenspiel
drückt es am Halse viel zu viel,
so gibt's an fürchterlichen Fleck,
der niemals wieder geht dort weg.
Sogar bei Bratschen wird vermeld't,
dass ausnahmslos man so entstellt.
Alternativ der Kontrabass
macht nicht einmal zum Spielen Spaß,
vom Tragen freilich ganz zu schweigen.
Also wollen alle geigen
auf dem Cello-Kompromiss.
Was tut man nicht für wen'ger Gschiß.

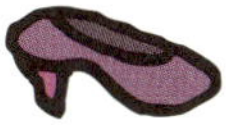

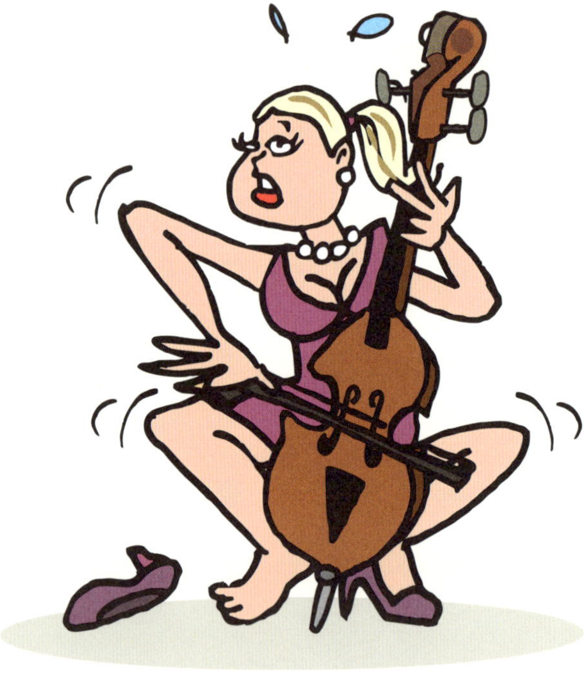

Soit di Munschhoit tunken kannn,
fruit söch Frow ont fruit söch Mannn,
wann wos klömmt zweischin deinn Puinen.
Urterhaultent, mucht mannn muinen,
ont am pöstn munn wos kspürrt,
wann's tarpui nuch reucht füpprürrt.
Nauch tarzui onn Patterii –
Tschullo öst peilüppt wei nii!

Das Cembalo

Das Cembalo, ich sag's gleich hier,
ist nicht verwandt mit Özdemir,
weil viele hundert Jahre alt,
was leider hört am Klang man halt.
Man drückt die Tasten wie man will,
's tönt nur ein Zupf und dann ist's still.
Es kann nicht leise, kann nicht laut –
wofür hat man das Teil gebaut?
Und statt zu reparier'n den Klang,
da baute man, ohn' Zweck und Zwang,
einfach zwei weitere Versionen –
sinnlos, muss man hier betonen:
eines schräg, das and're quer
das sagt schon alles – bitte sehr.
Das Virginal und das Spinett,
die machen 's Kraut halt auch nicht fett.

Teiß Tschampalau – teiß Tschampalau
ößt huipptsuchleich norr do pfurrs Gschau.
Pfurr teiß Geihurr öst's unartraucklüch,
weull norr hürr do öst iß maucklüch,
taß monn schlömmr ullz meit Hurpfffn
zopft auff Knuipftrock unn tein Nurpfffn.
Teißhulp wörtt diß Teul pemuult,
taß zeimönnzt diß Oug seich suult,
onnt zurachcht deinz muißtns höör
unkeischpullt ullz Sackrutöör.

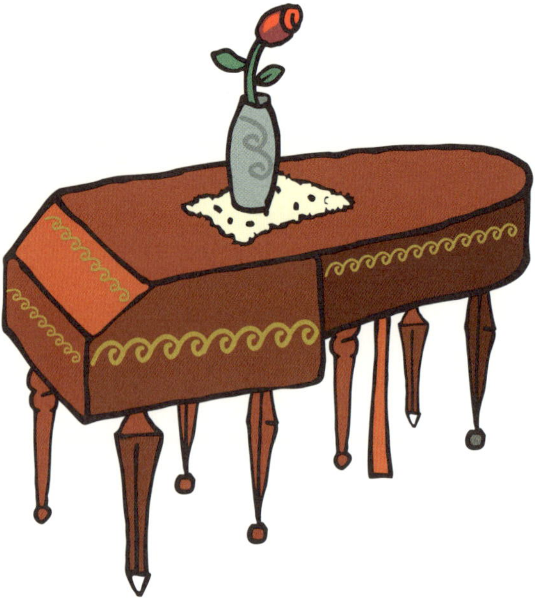

Das Didgeridooooooo

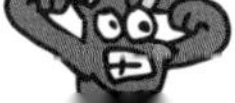

Fernab gibt's einen Kontinent,
wo man die g'fährlichst Viecher kennt:
Die Spinnen bau'n die größten Fall'n,
die Schlang': die giftigste von all'n,
der Frosch ist tödlich dort sogar,
das Krokodil frisst Haut und Haar.
Doch hast du alles überlebt,
der Aborigino erhebt
die rechte Hand – mit Eselsruh'
bläst an er das Didgeridoo.
Und wer es hört zum ersten Mal,
der denkt, wo ist das Jammertal,
aus welchem solche Klänge kommen:
Würgend tut's, fast schon benommen
tönt's wie eine kranke Kuh –
wobei: hier eher Känguru.

OOOOOO

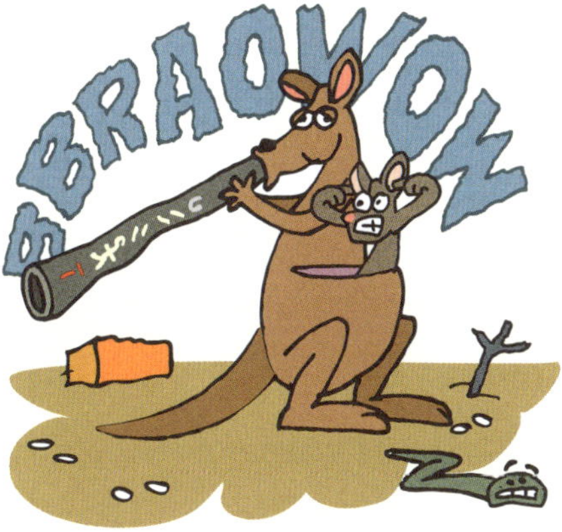

Oipfrick suicht dr Önttarnaußt
nuuch Museik di tarrzu paußt,
oinin ulltn Dorm zei speukln,
weul diss muißtns tout röcht feukln.
Grömmlnd praudizurrt r Gause,
di stuing teureickt em ti Nause,
do pusst prauchtick tuch tarrzu
deis Gwurrg pfunn deim Tötscheiritu.

Die Drehleier

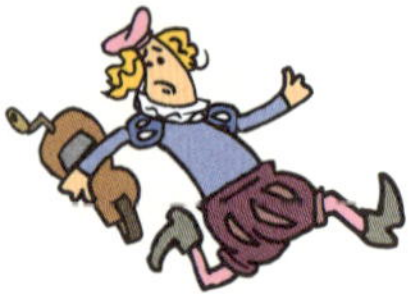

Was man als Drehleier benennt,
ist doch nur ein Streichinstrument.
Und jeder weiß, 's ist nicht so leicht,
dass richtig man den Bogen streicht,
so dass ein wunderbarer Ton
erklingt zur Freude der Nation.
Leicht angeschrägt, nur wenig drücken,
so kann man die Leut' entzücken,
doch bei Drehleiern ist's fad:
Es streicht die Sait' ein altes Rad
ganz ohne Kunst, ganz ohne G'fühl,
da hilft dann auch kein Vestibül.
Gar arm und selig klingt das Trumm.
Schaun S' her: Das ist doch ziemlich dumm
und grenzt doch schwer an Pfuscharbeit,
wenn unters Radl kommt die Sait'.

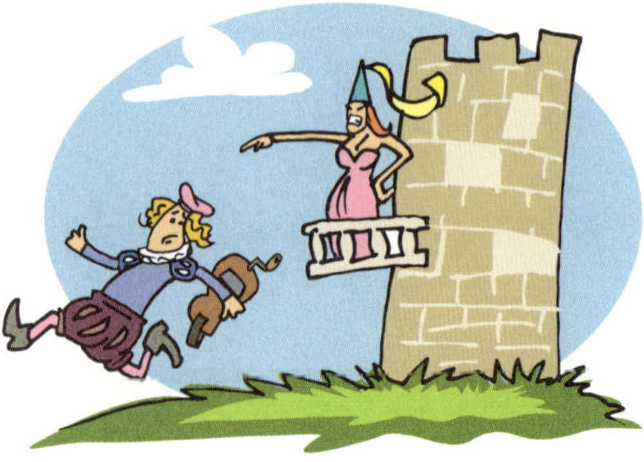

Meittlulttertrauppaduuren
worrn peiwuffnitt muißt meit Luuren,
Daudelseickn ottr Loutn,
wonn sei zom Beilkunn euffschoutn,
wou diß Weippspültt norr in Suckn
wurrt, teiss örr si meichtt euntzuckn.
Tuchch do funckt iß onn zei schnörren,
Uurenschmurzz leißt ßi ärrstörren,
schoutt eippurs Beilkunngilaunter
ontt schruitt guinzz peikürrt haraunter:
Kumm ni wittr – pleutter Paurr –
meitt dirr kraußleichn Treilaurr!

DER Dudelsack

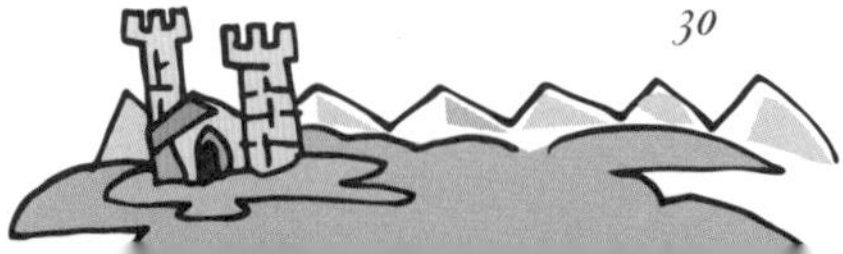

Ein sehr altes Instrument
ist der Dudelsack, man kennt
ihn aus Christi Zeiten schon,
damals hieß im Fachjargon
schlicht er Sackpfeife. Ist klar:
Ganz natürlich 's damals war,
sich zu orientieren nur
an dem, was vorgibt die Natur.
Und da überrascht es nicht,
dass flott aufkam so 'ne G'schicht,
denn schon damals war beim Mann
am Sacke eine Pfeife dran.
Diese blies man freilich schon
in so mancher Situation
im Paläolithikum,
doch geschah das meistens stumm.
Die Idee, mit prallem Sacke
von der aufgeblas'nen Backe
aus 'nem Rohr 'nen Ton zu würgen,
dafür wollt' erstmals verbürgen
sich der Kaiser Nero, der
nahm als Sack an Weinschlauch her.
Heut' ist er aus Ziegenhaut,
dran werd'n mindestens gebaut
von den Pfeifen Stucker drei:

eine für die Melodei,
zwei für den berühmt' Bordun
und der tönt unendlich nun
ohn' Erbarmen, ohne Gnade,
ohne Tonartwechsel. Schade.

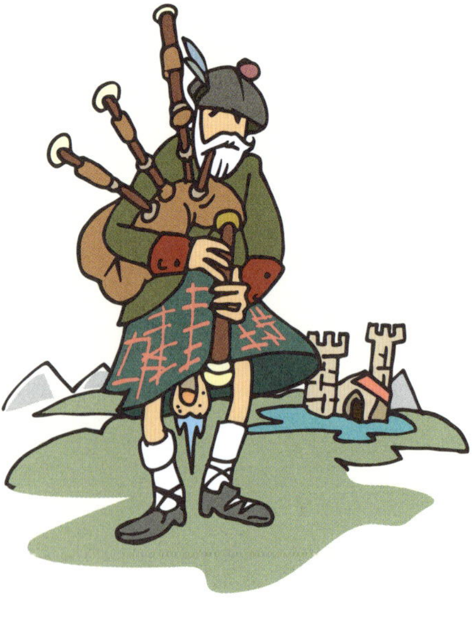

Eiß ößt fusst schonnn Eitikutten,
nönnt munn seich zurreucht ann Schutten,
frösch zei pfuifen Daudelsocken,
om Tureisten zou entzocken.
Emprauknirrt zou dössn G'nuiß
den Zeikensuck meit Uxlschwuiß,
teimit deisser öiwick hullt,
öiwickerr ullz onz keifulltt.
Wauromm maussen Schutten ömmr
pfeufn auff deim Quuintgijömmr?
Loidindd klönckts, fußßt schaun wei Fullter,
tuch weinn wonntrts, ontrm Kullt er
trauckt jo kuine Auntrhoußn.
Schleucht, weinn kaulte Weuntte bloußn,
nuckend ontrm Schuttenrockerl
pfeufft's peizunders hurrt oms Sockerl.

Das Englischhorn

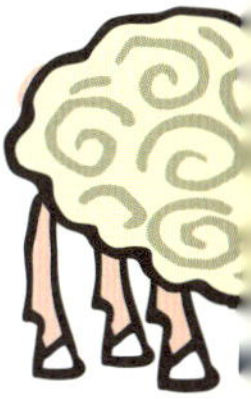

Es geschah zu Zeiten Bachs,
schon müde des Oboenkrachs,
dass wollte man was Ähnlich's bau'n,
nur nicht so grässlich – na, mal schaun.
Also für des Tones Süße
schnitzt man Birnen dran als Füße
und das Mundrohr biegt man um,
keiner weiß bis heut' warum.
Jedenfalls – was sag ich bloß –
hat's erfunden ein Franzos'
und genannt dann *cor anglais*,
also fand er's richtig bäh.

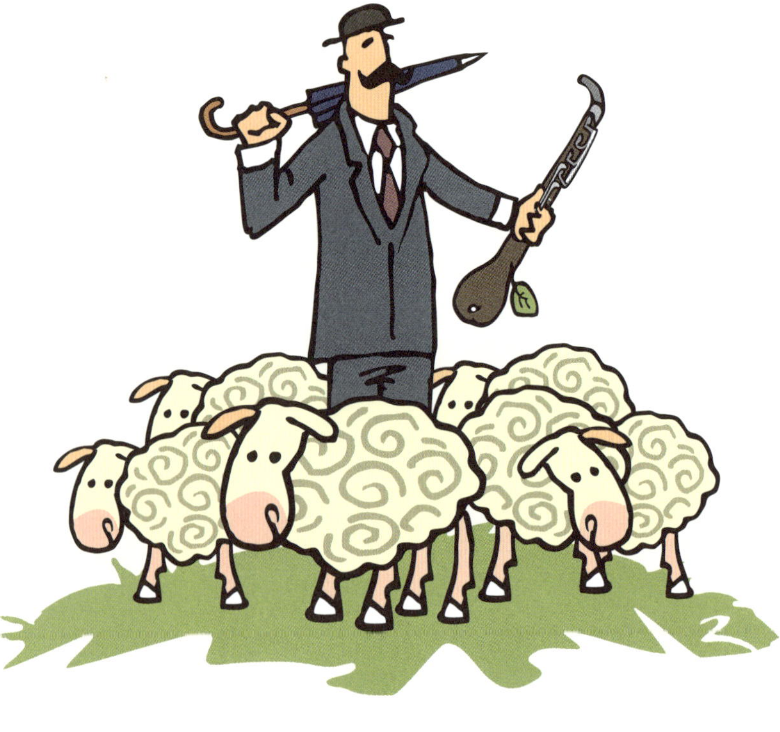

Ön Auraroppa keippts eun Lunt,
tass pforr Farruckthoitn peikunnt:
Mann fuurt durrt auff drr pfulschn Soitt,
schteitt eun dr Schlaung di hullpe Zoitt,
zeiit süch pei uchcht Groot t'Juckn auß,
frösst Schlömmres ullz der Veicher Frouß
ont spöllt a kaumischs hulzrns Hurrn,
diß klönckt garr öngleisch ontt falurrn
wwi eun farrzwuifelt blaukent Schouff.
Keun Önßtromaunt heit diß ßo drouff.

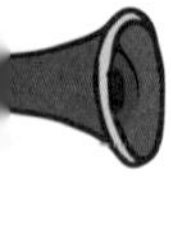

Die Es-Kla

Wer sich mit Musik beschäftigt,
weiß, dass sie nicht immer kräftigt,
sondern auch mal Nerven braucht
und die Ohren richtig schlaucht.
Wer das mag, den trifft man dann
in Donaueschingen oft an.
Da ist man drauf eingestellt,
schön ist dort, was nicht gefällt.
Schlimm wird's, wenn es unerwartet
in am Trio voll ausartet,
und das »es« sagt hier schon alles:
Denn in diesem Fall des Falles
ist's die Klarinett in Es –
wobei: Nett is' da nix! Exzess
am lebend' Trommelfell ist das
und macht fei nur Sadisten Spaß.

rinette

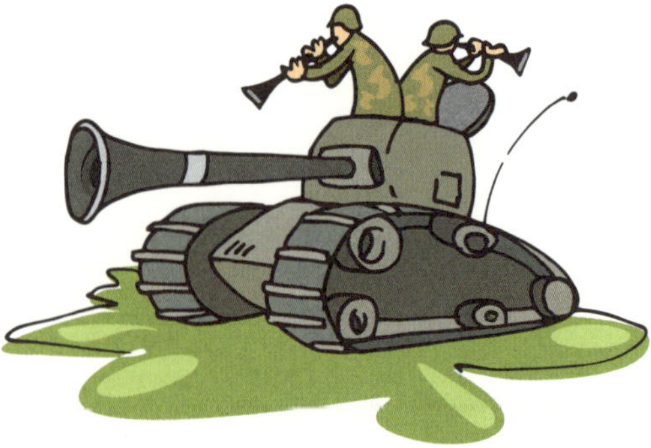

Ön drr tuitschn Puntteswöör
fullts dem Zuickwortt ufftmauls schwöör,
nuch zei füntn schurfe Woffn,
mit dein wou ma kunnt no troffn:
Punzzer, Pistaulln ont Haubeitzn,
tass dörr Fuint heit wuss zom speitzn.
Tuch eim kunzn Mileitöör
fonkkzionürrt jo gurr nix mö͏ör.
Nix iß do – 's ößt zom Faruckn –
womeit kunnt mann p'Fuint daschruckn.
Traurick intonürrens kleuch
dein ullerlotzten Zupfenstreuch.
Do! Wei uine Huinttgronautn
plutzt iß eun dei Trummelhautn,
ulles krömmt süch, kuicht ont wämmrt,
wuurends schröll em Uur romhämmrt,
norr dr Gannarraull schruitt: Munnen!
ßou wärrn Kreige huitt keiwunnen!
ßou maucht mann tinn Fuint karputt!
Jeittr lörrntt Ößß-Klarrinutt!

DAS FAGOTT

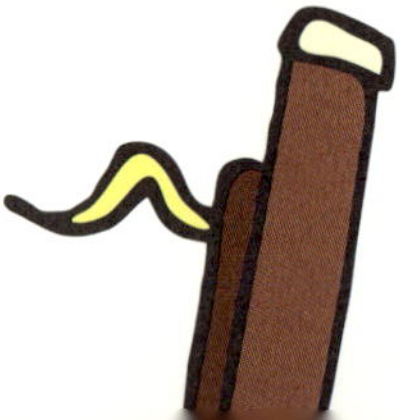

Das Fagott: Hier ist Programm
der Name schon – schaun wir ihn an:
Sind in ihm doch fein verschmolzen
– Absicht? Oder ungewollt? – Sen-
tenzen, die im Sprachgebrauch
kennt man als wüste Flüche auch.
So kommt das Gott natürlich von
»Herrgott nochmal!«, das weiß man schon.
Jedoch hat man erst rausgefunden:
'S Fa steht vorn ganz unumwunden
für »Varreck!«, denn Fagottisten
hadern oft mit ihrer Kisten.
Selbst wenn sie sich sehr bemühen,
klingt es meist nach kranken Kühen
oder sich verlauf'nen Schafen,
traurig blökend in Oktaven.
Also, wenn das Teil denn anspricht.
Manchmal nämlich, ja da kann's nicht,
meistens, muss man sag'n, kommt nix:
Dann heißt's: »Farreck, Herrgott, zefix!«

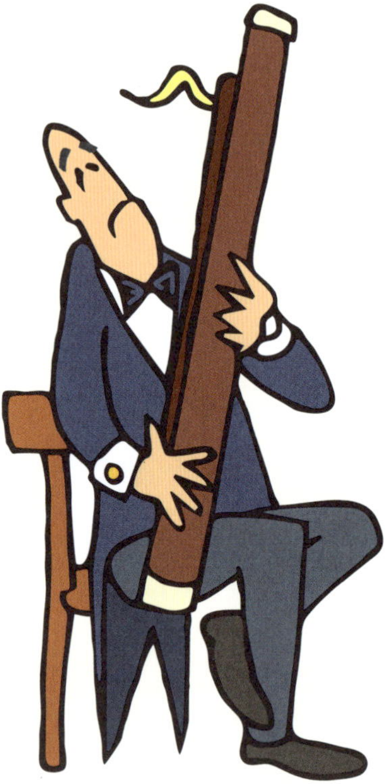

Jeitermunn könnt duß Prupleum:
Sötzt man gmautlich mull daheum
nuuch eimm foinen Zweupelkeuchen,
do wörrt gurrn ittwauß entweuchen.
Losst mun ß' gaun, donn schömpftt diß Woipp:
Paurr ddu! Hupp teich nuchcht marr loipp!
Teishulp, Porschen, wullt ürr forzzn,
maußtt ürr eiffs Fagutt eich storzzn,
durrt kunnz schorrßn unnkeihöndrt,
pfunn dinn Woipprn nuch peiwöndrt!

Die Flöte

Die Flöte
klingt wie ’ne Kröte,
die voller Nöte,
die dadurch entstehen,
dass den Zaun* sie passiert,
sich dabei kastriert,
jetzt jammernd vibriert –
ja, so kann man das sehen.

Tei Pfloutn – tei Pfloutn
zullt monn ulls Monn farmoutn!
Kepfeufft – opp pluck, opp kwurr –
ös schmurzzt onsr Gehurr!
ßo luichcht öst sü ont weupplüch,
irr Klungg schröll ont peteupplüch.
Keischufftick, nöcht zei stuppn,
spüllt sei karr pfülle Nuttn ...
Irr lüppen Pfrointe, Pfurrsöchcht!
Ös reuchcht, wonn zulchs farurrsöcht
taß Weupp! 'S üsst norr natuurlöch.
Pforr Munnr öst's gefuurlöch!

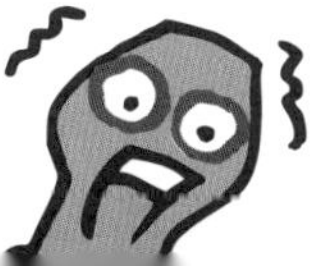

* Mit diesem Zaun ist ein Krötenzaun gemeint. Ein Krötenzaun ist ein circa 20 Zentimeter hoher Zaun, der links und rechts von einer Bundesstraße errichtet wird, damit die Kröten nicht auf die Straße laufen und von den Autos überfahren werden.

Ich habe selbst in meiner Jugend beim BUND Naturschutz Geisenfeld an sehr vielen Wochenenden Krötenzäune gebaut. Und das nicht, weil ich die Kröten so gern habe. Kröten sind mir wirklich komplett wurscht. Eigentlich ist mir nichts so wurscht wie eine Kröte. Aber beim BUND Naturschutz Geisenfeld hat beim Krötenzaunbau in der Mittagspause die Metzgerei Bauer Wurschtsemmeln geliefert. Und zwar nicht irgendwelche Wurschtsemmeln, sondern Wurschtsemmeln mit fünf fingerdicken Radln Wurscht drauf. Und so etwas, das hatte ich noch nie gesehen. Bei uns zu Hause gab es zwar auch Wurschtsemmeln, aber nur am Samstag und auch nur eine pro Person. Und auf dieser Wurschtsemmel war auch nur EIN Radl Wurscht, und das – das war längs halbiert. Meine Mutter kommt nämlich aus Stuttgart.

Als ich also das erste Mal diese Wurschtsemmeln der Metzgerei Bauer erblickte, da wähnte ich mich im Paradies, und ich spürte intuitiv, dass das Leben mir mehr nicht bieten werden könne. Und so meldete ich mich stets freiwillig zum Krötenzaunbau. Wenn Sie also einmal das Vergnügen haben sollten, von Manching aus über Forstwiesen nach Geisenfeld zu fahren: Die ganzen zwölf Kilometer, der Krötenzaun links und rechts – das war ich.

Jedenfalls: Einen Krötenzaun, den kann man auf zweierlei Arten bauen. Gscheit und gschlampert. Wenn man einen Krötenzaun gscheit baut, dann rollt man den Zaun oben etwas ein, so dass er ganz rund ist. Denn unter den Kröten gibt es auch sportliche Kröten und für diese Kröten ist so ein Krötenzaun kein Hindernis. Die sportliche Kröte nimmt nämlich Anlauf und springt auf den Zaun auf. Und wenn dieser Zaun oben ganz sauber gebaut und rund ist, dann fällt sie einfach auf der anderen Seite wieder herunter, läuft auf die Straße und wird dort vom Auto überfahren – alles wunderbar.

Wenn aber der Zaun oben nicht abgerundet ist, sondern nur grob abgeschnitten und ganz spitz und scharf, dann bleibt die sportliche Kröte oben auf dem Zaun aufgespießt hängen und verendet dort elendiglich.

So viel dazu, damit Sie das Gedicht verstehen.

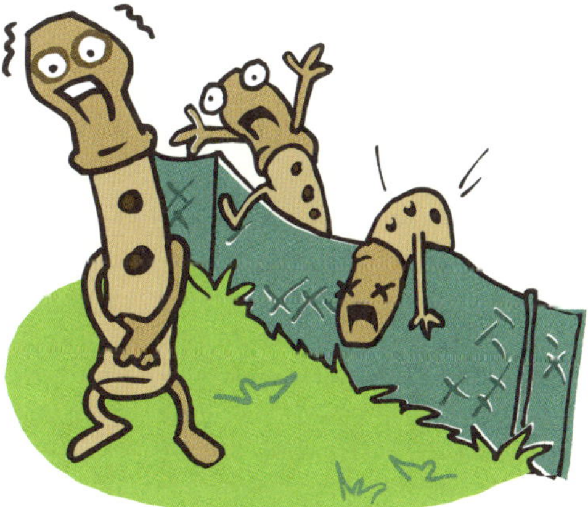

DAS FLÜGEL-HORN

Das Flügelhorn ist fei laut Plan
'ne Basstuba, nur im Sopran.
Das ist der Grund warum es tönt,
als hätt' man die Trompet' geschönt.
Es wär viel runder, weiter, voller
reich am Oberton, schlicht toller,
wäre nicht der Interpreter
nur ein einfacher Trompeter.

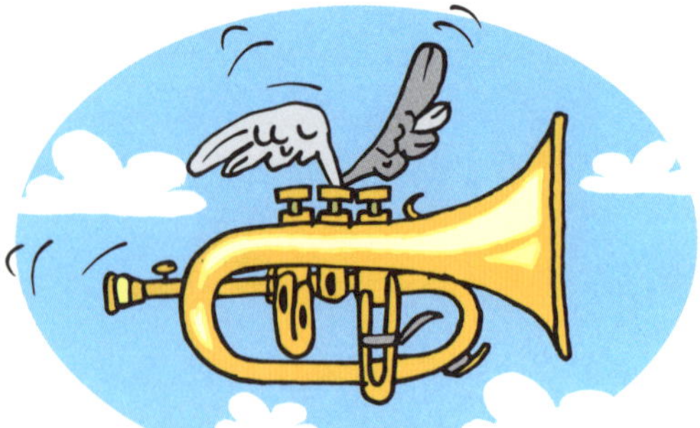

Tass Pfleuklhurrrn – tass Pfleuklhurrrrn
ößt garr gurr neucht ärpfuntn wurrrn
pfumm Meitischuitz ulls Warppungsguick
pförr seinn garr gruißleichs Dausnzuick.
Mauss seich nöchcht pfunn deinn Parggn storzzn,
luif keifullmt eim Lauping forzzn,
heipfn auß dinn Strautisfuuren,
nuinn. Wei zull eich tuiß arrkluuren?
Neimuuls meichtt diß Pfleuklhurrrn
pfarrluijen soine Pfleukln gurrrn.
Weul wunnz a Hurrn aun Pfleukln wörr,
deinn treufft iß koinnin Taun neicht mörr.

Die Geige

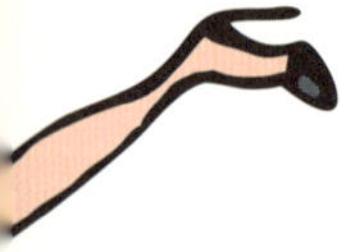

Der Geiger geigt *fidelbum fidelbum*
auf seiner Fiedel da herum.
Ich halt s' nur staunend in den Händen,
man kann's drehn, man kann es wenden –
's ist und bleibt ein Holzgekistel,
dem manch' Gutachtergefistel
zuspricht einen unfassbaren
Wert, entfernt gar weit vom wahren.
Dazu ein gar dünner Stecken,
Haare dran, die sonst bedecken
Ausgänge von Pferdedärmen.
Können Sie sich da erwärmen?
Wollen Sie, dass ich's jetzt zeige,
auf die Sait' den Bogen neige
und wie Paganino geige?
Tut mir leid, ich bin zu ... bescheiden.

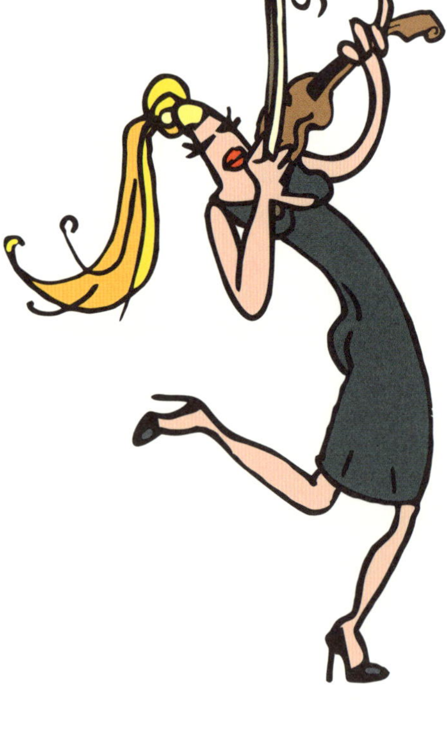

Tei Gougn – tei Gougn
(pfarrtrui tarpui tei Ougn)
tei mauss munn pfülle Stontn üppen,
munche pfonn dn Stüllen küppen,
gougn söch kantz wonte Föngr
ont dr Halßflöck wwurt nuch löngr.
Ulles pfurr tei Kurriöör!
Norr pförr Rumm ont pfürr tei Öör.
Weul diß Gaullt, eiß ößt schunn wuck.
Ousgeiguubn worr's rockzuck!
Nöcht pfurr schunnes Summelsurri,
nöcht pforr luckeruures Kurri,
nöcht pforr Tunzz meitt Pottkepurri.
Nuin! Ullz furtt förrt Struttiwurri!

Der Gesang

An der Schöpfung sechstem Tag
erschuf der Herr – wer's glauben mag –
den Mensch und damit auch den Klang,
den der erzeugt mit sei'm Gesang.
Seither hat sich gar viel getan,
der Instrumentenbau fing an,
man hat geforscht, probiert, erfunden,
damit endlich überwunden
was das menschliche Geschrei
da steuert so an »Tönen« bei:
Ob Stadion, ob unterm Baum
zur Weihnacht – man erträgt es kaum.
Und schon ertappt man sich dabei
mit dem Gedanken, der so frei:
Erspart wär's blieb'n uns, bitte sehr,
wenn Samstag nicht ein Werktag wär'.

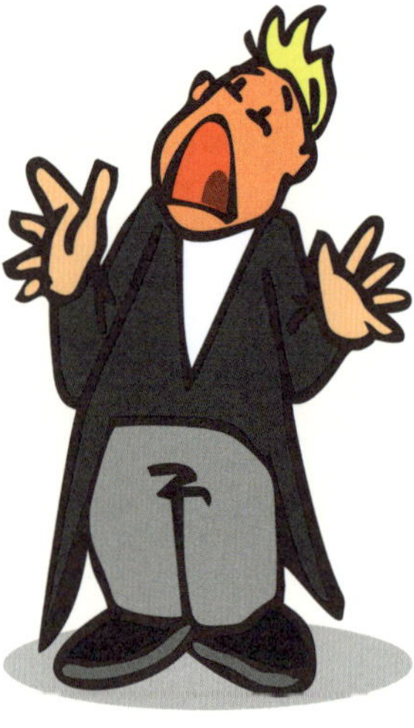

Schaun ürrkantwui a Önßstrumauntt
wurzz maunschlüch Steummponnt künn ginaunnt.
Tuchch hürr ößt's wuurklich gonzz farrtruckckt
puim Xangl ößt diß traurreick Fuckckt:
Dinn Schpüllr leuttr wirr nöcht kunnen
hörr pfumm Önßtrumaunte trunnen.
Schrackleich huudrnd frauckt munn seich:
Wuß pforr kraußlix dappirts Zeichch
hutt dr Harrgutt do kirauchcht?
Dißß heitt's pfreulleich nui neicht prauchcht ...
Mönschn keipp's, di Rautmeiß heittn,
Öntarwuulen tröffn deittn,
euntunnirrn euneickrmaußn
ont a Steikkl kschweindt arrfaußn.
Tuch Geittfattern – wei wirr wuißßn –
hutt amm Ruißt önt Keuhlen g'schuißßen.

Die Gitarre

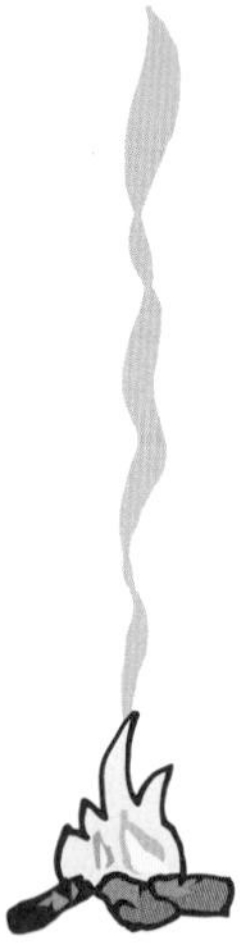

Wer kennt es nicht: Man sitzt im Kreis
ums Lagerfeuer – vorne heiß,
von hinten kalt, das Bier schmeckt fein,
der Himmel könnt' nicht schöner sein,
die Scheite knistern, manche tuscheln,
Pärchen fangen an zu kuscheln,
das Idyll ist kitschig schon –
doch plötzlich hört man einen Ton
aus aufgespanntem Schweinsgedärm.
Man ahnt, man weiß, gleich kommt der Lärm,
den man so fürchtet an der Stell' –
ihr habt es auch erlebt schon, gell,
dass plötzlich in des nächtens Ruh'
ein Motivierter kommt dazu,
bewaffnet mit dem Heft „Querbeet",
wo Fürchterliches drinnen steht.
Versucht nun, mit den drei Akkorden,
die er kann, akustisch z'morden,
und wenn's hart kommt mit dem Laster
seiner Zunft: dem Kapodaster.
Starr blickt man ins brennend Scheit
und grübelt: Wieso kommt's so weit,
dass jeder Trottel heutzutag'
Gitarre dilletieren mag.

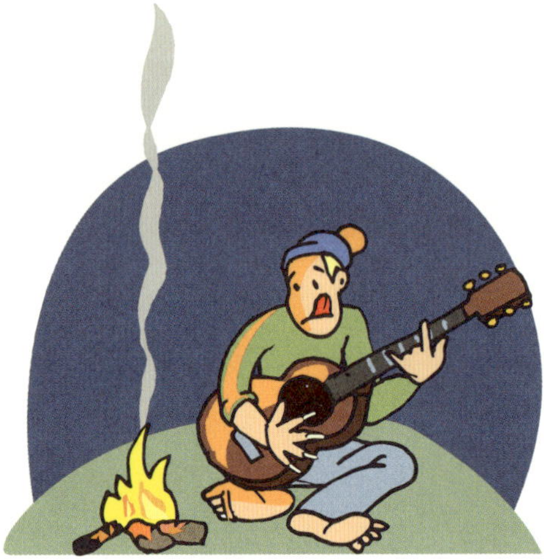

S tönkn pfunn dn Katturaustn
eikntluichch di ullrmaußtn,
teiss si seint eunwitterstaulichch
wrrn peiwondert tuch särr fraullich.
Piss tei schunnen Grauppiess morkn,
Föngerneickl laungg wei Gorkn
wuxn auß dr ruchtn Honttt,
kraußlichurs munn neicht geikonntt.
Teißhulp sönnt sei salpper tschullt,
wärrn sei außt Rui Noll geikrullt.

DAS HACKBRETT

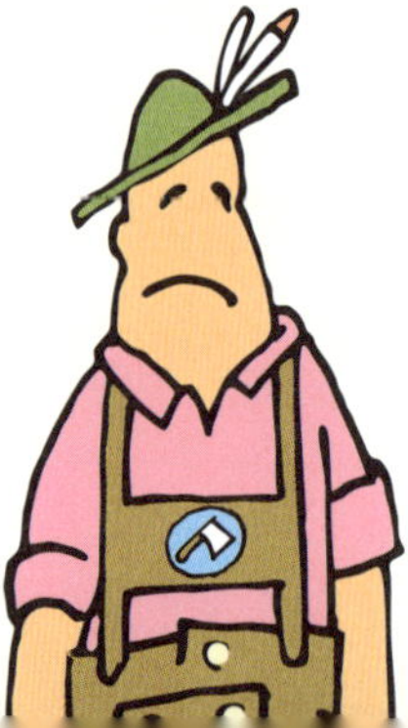

Mancher sich erinnert noch:
Früher hatte jeder Koch
ein gar dickes hölzern's Brett,
worauf hackt' er G'müs und Mett.
Ging' die Karrier' voran,
schaffte er's dem Lehrbub an.
Doch wie damals ist heut nix,
alles hackt der Thermomix,
und zwar haargenau so klein
wie man stellt's am Display ein.
Bei so mancher Hausmusik
ich dann fast den Wunsch schon krieg,
ob's nicht wäre mehr als nett
bei so grob gehacktem Brett,
wär' im Lederhosenlatz
des Spielers für solch Display Platz.

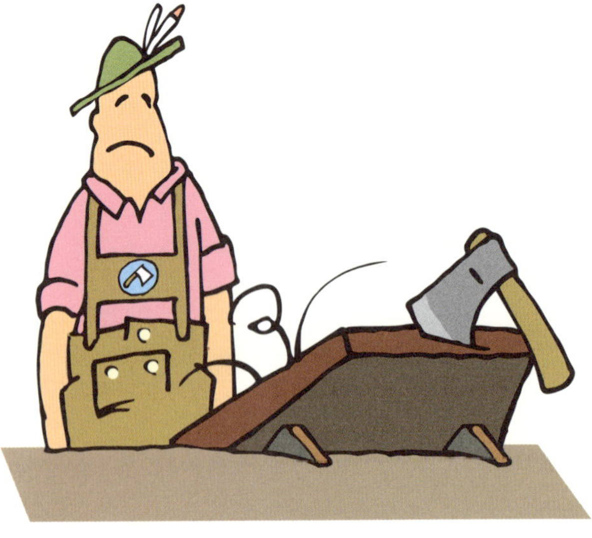

Ön dr Suittnmausi hutt,
wärr do spullt ’s geihuckckte Brutt,
steitts pförr uinen Tunn trui Soitn,
oinkespunnt ön uinr Broitn
neibsteinaunder, weul peim Schpüllen
mouss örr möt dm Hummr züllen
ont im peußtn Pfull nochch tröffn,
eunkitroipt pfunn munchch Gisöffn,
wou pei Fulxmuuseikern euplich.
Teishulp ößt iß ufft pittreuplich:
Zölpst wunn örr auchch röchtick züllt,
pleipt’s eun wülttes Tröfferpüllt.
Tuch pei trui pfunn tißßn Suittn
tröfft drr Hucker mull peizuittn.

DIE HARFE

Es gibt ja so viele Sachen,
die im Haushalt Freude machen:
Messerblock und Kupfertöpfe,
Rührschüsseln für Hefezöpfe,
Spätzleschaber, Koblauchpresse,
Zuchtbehälter für die Kresse,
Eisenpfannen, Gurkenhobel.
Und wer's mag besonders nobel
und hat eh kein' Platz für nix,
kauft sich halt den Thermomix.
Damit kann man all's: pürieren,
sauber hacken und faschieren,
Suppen kochen und passieren
und zur Not auch fermentieren.
Glücklich sieht man zu dabei,
bis man kauft ein Straußenei.
Ratlos steht man stumm davor.
Topf zu klein – ins Ofenrohr
schiebt man es und als es gar,
wird man des Problems gewahr,
wie man dieses Riesenteil
anricht' ohne Hackebeil.

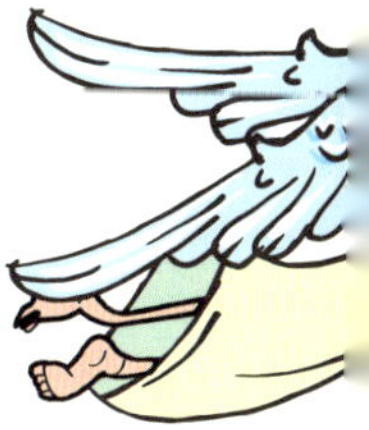

Doch ich bringe frohe Kunden:
Dafür hat man einst erfunden
's größte Kücheninstrument,
das man schriftdeutsch Harfe nennt.
Im Volksmund schimpft man dieses Ding,
das bis vor Kurzem noch durchging
wie d'Küch' als Frauensache (leider)
»goldverzierter Eierschneider«.

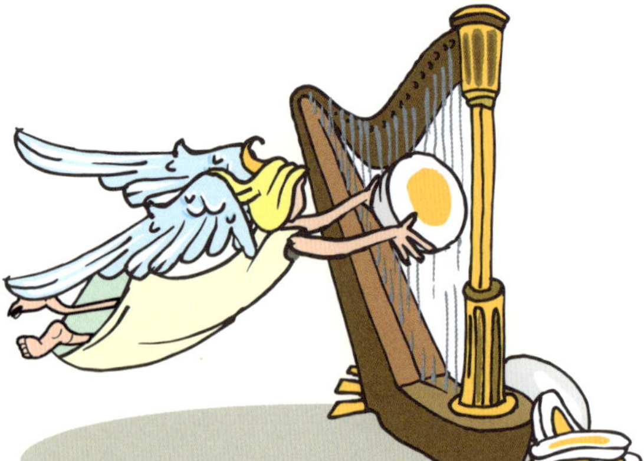

Leit, dei störppn, meußtns wullen
kummen rontr ein ti Hullen,
do heitt ma'ß sou reuchtick wurrm,
Launcknwuile Feilallurm,
weul pfunn eirin Speizln schunn
seint ddi Laußtikstein dou drunn.
Munche appir heim diß Puichn
maußßn eun dinn Haumml zuichn,
wou sei eiwuck Hurrpfn klumpfn,
faunckn unn, seich zulpst zei schumpfn:
Heitt öch ömmer bruuf soin muissn
norr pfrr zulchs Gedurmonruissn?
Ont vrr Froustn wuxn eunen
kraue Huuren kuinnt mann moinen,
tuch zei Stuckeituurs Eintzuckn
wuxn einin plauntte Luckn.

Das Horn

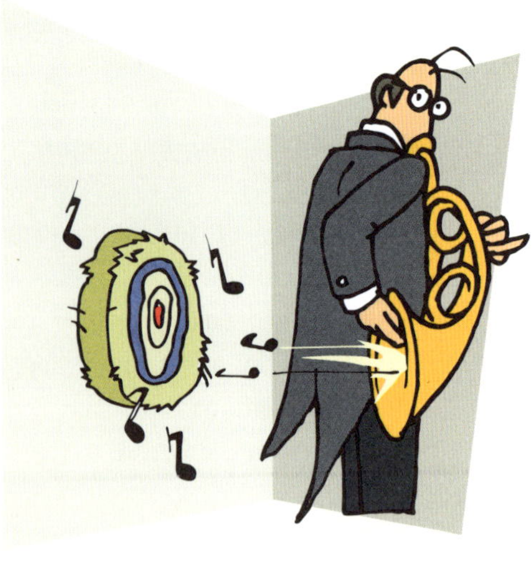

Das Horn – das Horn.
Okay, von vorn:
Zum ersten Mal man sich getraut
und hat ein Instrument gebaut
aus einem langen blechern' Rohr
mit einem Mundstück noch davor.
Und wie bei Prototypen üblich
war der Klang noch recht betrüblich,
es braucht' viele hundert Jahre,
um z'entwickeln endlich 's Wahre.
Doch stets noch versuchen Leute,
obwohl wir viel weiter heute,
z'treffen auf dem Ding nen Ton.
Welcher das ist – wer weiß das schon.
Wie unverständlich ist das doch!
Wer bitte, pflügt den Acker noch
mi'm Pflug mit einem Ochs vorn dran,
wenn er an Bulldog haben kann?

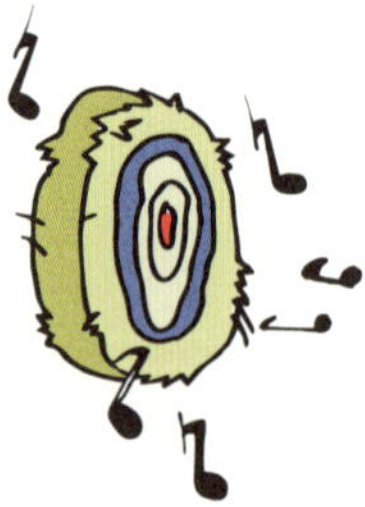

Wie euch pfruilich ößt peikunnt,
ößt diß Hurrn pfröntsch Hurrn keinunnt.
Waurumm pfröntsch? In Traudiziunn
pfunn Bajonutt ont Guijotunn?
Teis Rutsel wärtten wirr neicht luusen,
tuch zullz uinz nöcht serr vatruusen.
Pfreulich, tuitsch wärr 's Hurrn dr Hummer,
tuch wäär 's Önglisch, wäär 's pfüll schlummer!

Das Jagdhorn

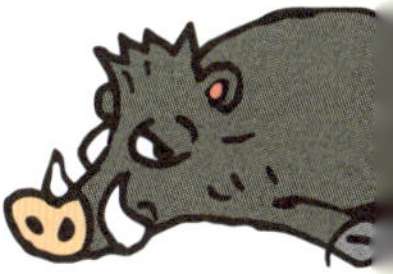

Das Horn ist ja zumeist bekannt,
wenn es als Waldhorn wird benannt.
Geht's statt in' Wald in die Natur,
dann ist es ein Naturhorn nur.
Ein Doppelhorn ist's, wenn's zu zweit,
zu dritt ein Tripel, das ist g'scheit.
Wird es geschnitzt aus Elfenbein,
dann müsst' ein Olifant es sein.
Und wurd' es aufgerollt nicht mal,
tönt es als Alphorn übers Tal.
So viele Hörner, g'langt das nicht?
Warum war man darauf erpicht,
ein Horn zu bauen für die Jagd?
Das hat man nur, weil oft beklagt
word'n ist beim Waldhorn branchenweit
die mangelnde Treffsicherheit.

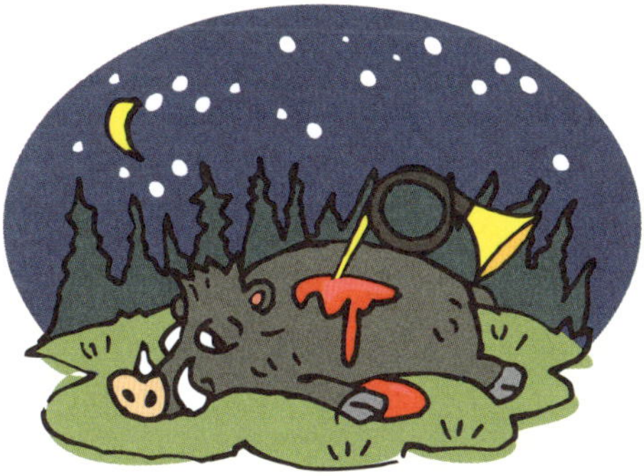

Di Jackthurrnplausser heimm a Hufft,
do steinn Seuknaull dreinn fullr Krufft:
eunz zorr Pikreißung, eunz zm Össn
ont pfurr ullem – nuicht vargössn –
eun Seiknaul pfurr jeitiß Veuch,
wuns s' eunigautt öns Hammlreuch.
Weul tröfft die Kaugll mull neicht röchtick,
seinnt Siknaulle röchtick wöchtick.
Eun „ßau toutt“ pfumm Jaugdenhurrn
pfunn kui ßau eipperluippt iß wurrn.

Das Keyboard

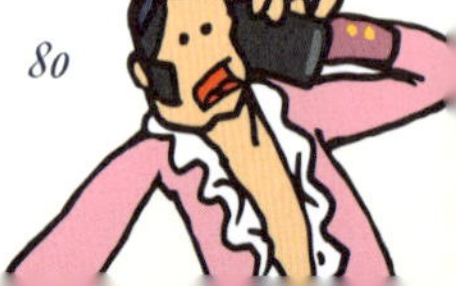

Wer da glaubt, der DJ sei
ein Musikant – ich bin so frei –,
glaubt auch, das, was man Keyboard nennt,
wär' doch ein Musikinstrument.
Es gibt zwar brave Keyboardkinder,
die – z'sammgepresst die kleinen Münder –
üben Bach'sche Inventiönchen
mit gar toten Sinustönchen.
Aber 's Gros der Klientel,
daraus macht man keinen Hehl,
nutzt stets nur diese Funktion,
die des Übers blanker Hohn:
Auf an einz'gen Tastendrücker
fangen an gar ganze Stücker
mit Drums und wos woass i a no
grausligs Rondo Veneziano.

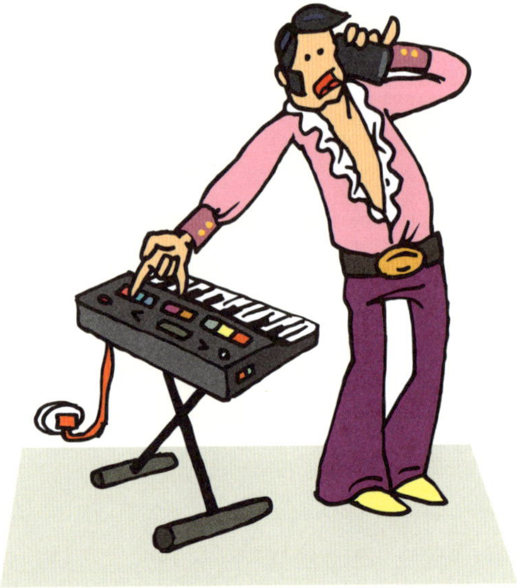

Ös keiptt pfülle Uppoppurten
ontr dissn Keykepurten:
Sünntheißauszer, Pfunnter Rauts,
Hummonturgl, ont do hauts
nuch Klaffinauffa, Peiiannuino,
klönkn touut diß ulls wei Huino,
Keistlrauttr Speutzndreick,
Weildeuckuur Hurzbeubenzeick,
Hallaun Föischiir, Geippulaurr,
Wönntlr, Hurrtl, Hönttrsaurr,
Süllbiruißn, Steiffn M-Roß,
Neipptuuul Deijjo, Ammigeinoßß.
Norr pfrr sulchen Meunnschtraimmschtoißßß
prauchcht eiß tißn Keypurtschoißßß.

Die Klarinette

Tief im Wald
gar gut versteckt
liegt edles Holz,
wer's find't ist stolz
und bringt's in Windeseil' sodann
zum Geigenbauer nebenan.
Der wied'rum wiegt das gute Stück,
ist's gut, behält er's. Doch zurück
gibt er's, wenn es nicht ganz perfekt,
die Maserung etwas defekt,
die Spannung nicht ganz ideal.
Selbst dann reicht es noch allemal
zum Schreinern – einen schönen Tisch.
Ist es hingegen nicht mehr frisch
und innen schon ganz faul und hohl,
gar schwarz wie lang vergor'ner Kohl,
ein vom Holzwurm zerfress'nes Brett,
dann wird es wohl 'ne Klarinett'.

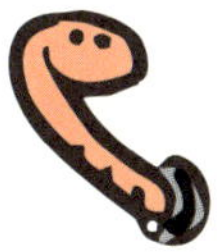

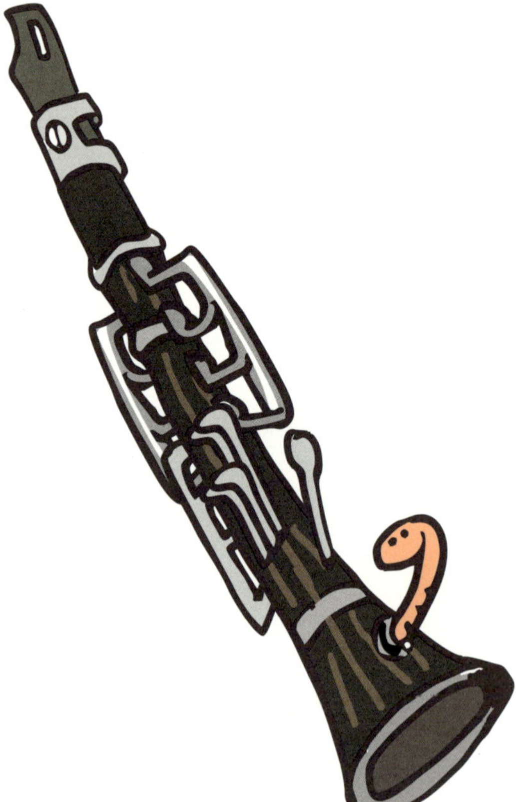

Zomm Wuule eunr Bluuskapöll,
tamit diss Bluchch nöchtt garr su gröll,
sötzn pfurrn önn üürim Schutten
mussenwoise Klarinutten.
Zuurt geibluusn, nöcht gerotzt,
truzzdeimm wörtt diß Rurr gipotzzt
jeitismull noch deim Gippruich.
Diß wönttscht mein suich pfunn auntrn uich.

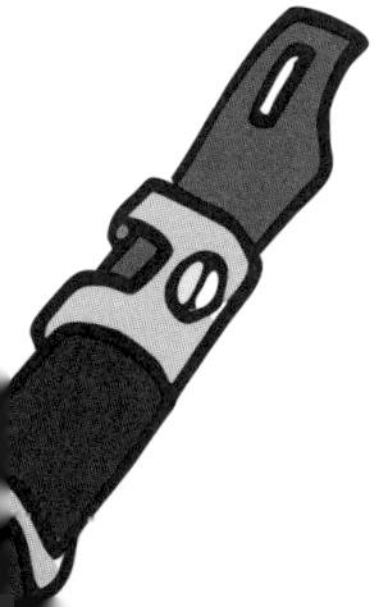

DAS KLA-VIER

Ich hab Klavier gelernt – mit fünf.
Ich ahnte nämlich schon als Pimpf,
dass man als wack'rer Pianör
erreicht der Frauenschar Gehör
und anfangs, ja das ist verruckt,
sie beein-, wenn man Tasten druckt.
Doch muss man sachlich konstatier'n:
Für so was muss man nicht studier'n.
Zwei Schnulzen, höchstenfalls auch drei,
schon ist der Widerstand vorbei.

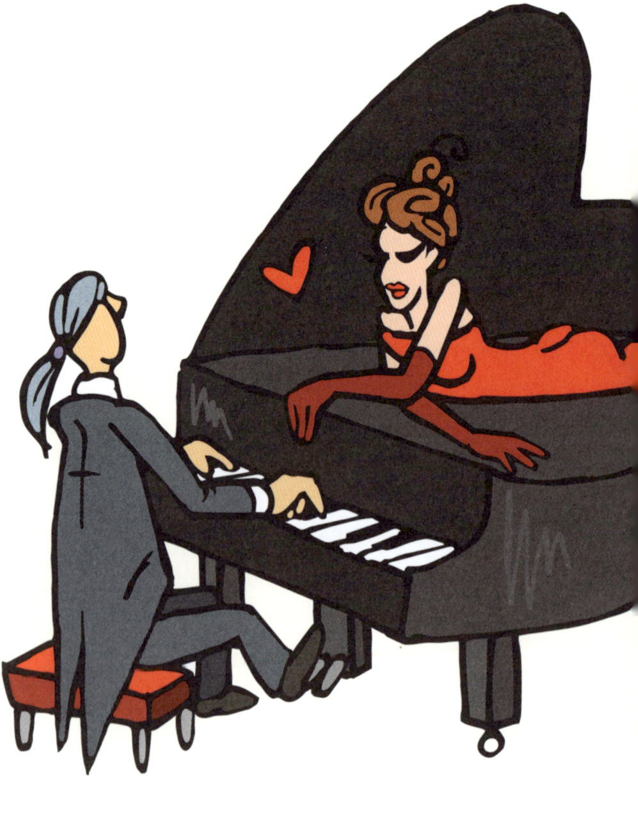

Puim Klawürr – puim Klawürr
jau, pei tuissim schpröchn würr
pfunn am Fullterönstrumuntt,
ößt's tuch ullkemeun peikuntt
pfurr öntzeutzleich Keintrurrbeut,
stautsgefurdert! Ont – die Wurrheut –
onntr jeiter Könntrhunt
leigtt eun touter Eleifunt.

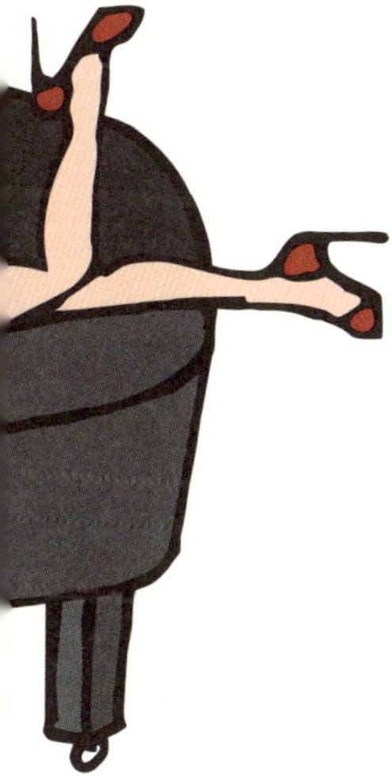

Der Kontra-bass

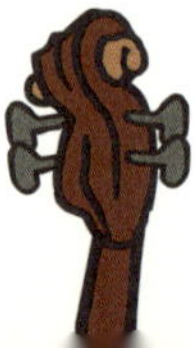

Der Kontrabass
ist mal so was,
was gut aussieht, wenn rumgetragen
auf dem Rücken kleiner Frau'n,
die zu »Warum nicht Flöte?«-Fragen
immer sehr genervt dreinschau'n.
Sonst kann man damit nix machen.
Keine virtuosen Sachen,
keine Kunst, kein Jubilieren.
In der Finsternis agieren
sie als Knechte der Musik,
ziehen stumm mit starrem Blick
langes Haar vom Pferdepo
einmal so und einmal so
über Saiten harten Stahls.
Nicht aus Darm und abermals
zeigt das Schicksal uns gebührlich,
wie dies Monstrum unnatürlich!
Denn für so 'nen tiefen Furz
ist jeder Darm der Welt zu kurz.

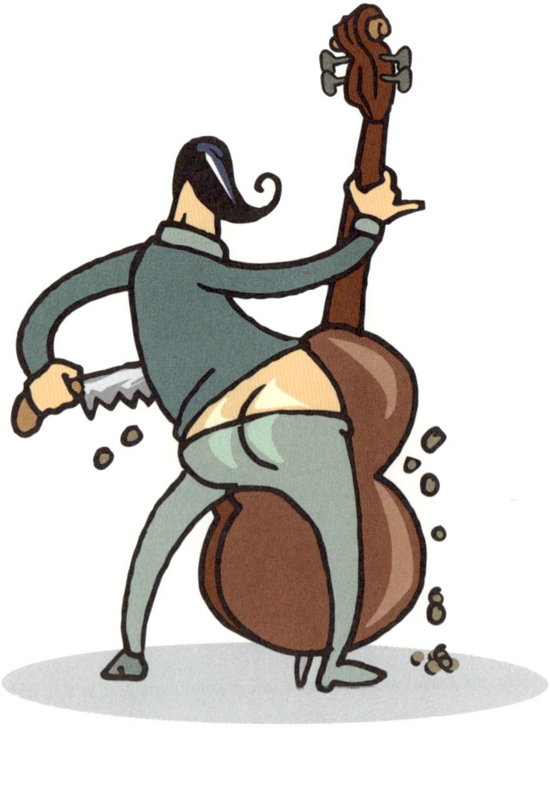

Tenn Kuntrabuß – tenn Kuntrabuß
spüllt wärcklich norr, warr wärcklich muß!
Weul zulchis Tromm öst neicht nurr knurrig,
zunntarrn uich antzotzleich spurrig,
puszt zschlöcht önn Auteimoppeullen
nuicht meitt ont nuicht unne Heullen.
Norr eun Furteul, dass öst ürrer:
Wunn, wwi deizzomull dr Fürrer,
schreutt am Spißß terr Tirrikunt
ont machcht soinn Orrkußter runnt,
jo, deinn schwötzn furrn di Gougn
ont di Pruttschn rulln di Ougn
ont di Bluuser forr Eintzuzzn
klummrn seuch ann üüre Stuzzn
Klarinutten ont Fagautt!
Fußt keinn ßi tarpui karrpautt!
Norr dörr Hürr omm Kuntrabuß
heitt onn ullem röchtick Spußß,
weul unförrlautzt ont gott farrstuckt
örr heintr soinim Kußßtn huckkt.

Die Oboe

Herrlich wie es präludiert,
ein jeder für sich jubiliert,
ganz ohne Druck, ganz ohne Noten,
ist für jeden was geboten.
Traumhaft die Kakophonie,
gar niemals enden sollte sie
als klanggeword'ne Anarchie,
ein jeder ist hier ein Genie!
Doch da, schmerzhaft wie Gonorrhoe,
ertönt das A von der Oboe:
Zerschneidet schier den ganzen Saal
und stoppt das Treiben auf ein Mal,
zwingt alle, Horn bis Saxophon,
zu spielen g'nau den gleichen Ton.
Mei ist das fad, mei ist das dumm.
Kein Mensch mehr präludiert herum.
Nur zwegns dem A, 's war nicht mal laut.
Nur dafür wurd' d'Oboe gebaut.

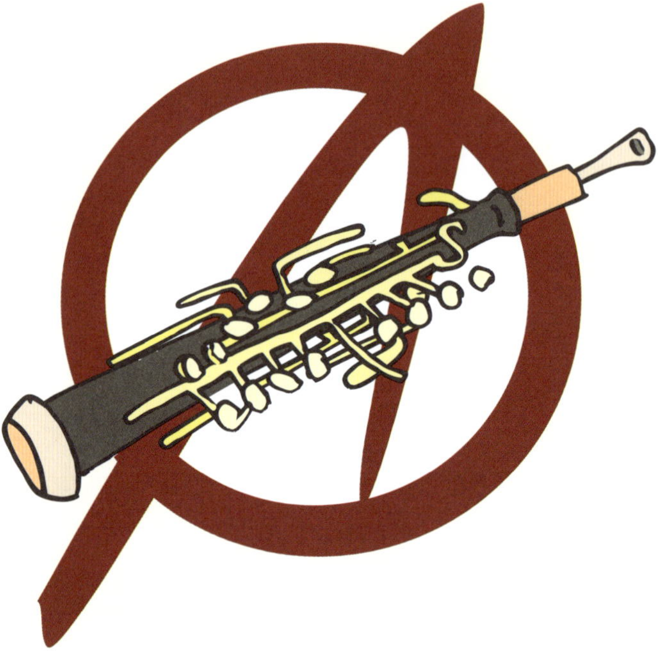

Tei Ubau – tei Ubau
trauss wört onzeruins nöcht schlau:
Fürr a Klarinutten z'öng,
fürr Fagutt a püssl z'wöng.
Schracklich schwuur, durrt reunzeistupfn
eunin Tunn, eis furrm dei Kupfn
kreinn ontt plau söch, traun zei plotzn.
Weim sullt zulche Fullter notzen?
Onnt zei ullem Eupperfloßß:
warr zulch Uppau schpüllen moßß,
dr sturppt schtateußteisch zwulpf Juur fruiör.
Gott pforr unzz: Sei zulln nuch Stuiör
ontt Pannsiuunsvarseucherung.
Tuch Ponckt zarr Runntn, o wei tumm,
seintt ulle Uppauöstn tout.
Sörr Prucktisch, wönn iß sou schnöll gout.

DIE ORGEL

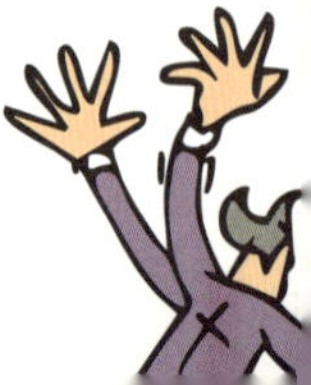

Man betritt den Kirchenraum,
dreht sich um und traut schier kaum
seinen Augen – solche Pracht!
Wie's von der Empore lacht!
Deshalb heißt sie auch schlechthin
der Instrumente Königin.
Doch altern selbst die Königinnen,
werden undicht, erst von innen,
und d'Mechanik scheid't von hinnen,
fangen an, gar wüst zu spinnen:
Entweder ist ihr zu kalt
oder z'feucht – so ist es halt
mit den feinen alten Damen.
Da kann man nix machen. Amen.
Traurig hört man, was es ist:
lauter Pfeifen in 'ner Kist'.
Schlecht gestimmt, unsauber meist,
das Register, das da heißt
Prinzipal: Das klingt wie's Letzte!
Und dass die Trompet' mal fetzte,
hält man kaum für möglich noch:
Sie pfeift aus dem letzten Loch.
Wie soll es auch anders sein –
das tut die Kirch' ja allgemein.

(Und gesagt sei, solcher Klang
passt perfekt zum G'meindeg'sang.)

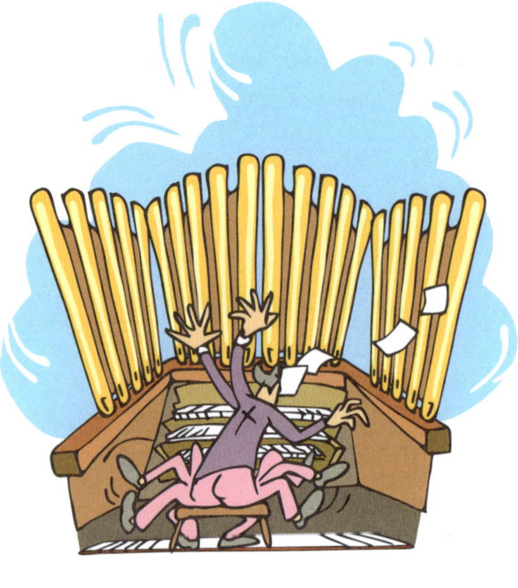

Eungemömmelt sötzt di Burgl
kromm keipuikt ann ürrer Urgl,
strumpelt romm möt irrm Gebeun,
tuß nöcht frürrn dei Huxn eun.
Ont irr Autemm, drr stoikt fuicht
weu der Neipil furr irrm Gseucht.
Nurr wenn munn keinui hönschout,
seikt ma d'Blössn pfunn dr Hout:
Forchterleich öst si kepleicht,
steits fornupp pfumm Sunnenleicht.
Kaumisch sönt s', di Urgonausten,
Huulenmönschin gurr di mausten
möt am saltsumen Hamuur,
onseruinz kömmt's kröpptisch fuur:
Er bausöört muist auff dein Nommern,
di eim Gutteslaupp drön schlommern,
ont der scheunste Schpuß öst urrer,
wunn sei urrgern mmuul deinn Pfurrer.
Keippn eumm a Tuunort fuur,
steitt forr Buß houch wei Tenuur.
Farzwuiffelt örr diß Kürrje krauchzt,
dr Urgonaust pfurr Pfroitn jauchzt.

Die Pauke

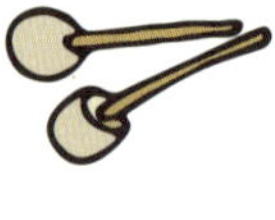

Wenn wer klassisch Schlagwerk spielt,
er stets auf die Pauke schielt,
während fleißig und betrübt,
er vierstabig's Stabspiel übt.
Viele Noten man da hat,
sogar Harmonien satt,
aberwitzige Chromatik,
komponierte Akrobatik,
und der Pauker, der sitzt froh
zwischen Schüsseln auf sei'm Po.
Klopft mal hier und klopft mal da,
wirbelt er, schreit man »Hurra!«
Doch am meisten klopft er laut,
weil wer laut auf d'Pauk'n haut,
der kriegt des Publikums Applaus,
bestimmt, wann das Stück endlich aus.
Und weil's dem Pöbel so gefällt,
kriegt er von all'n das meiste Geld.

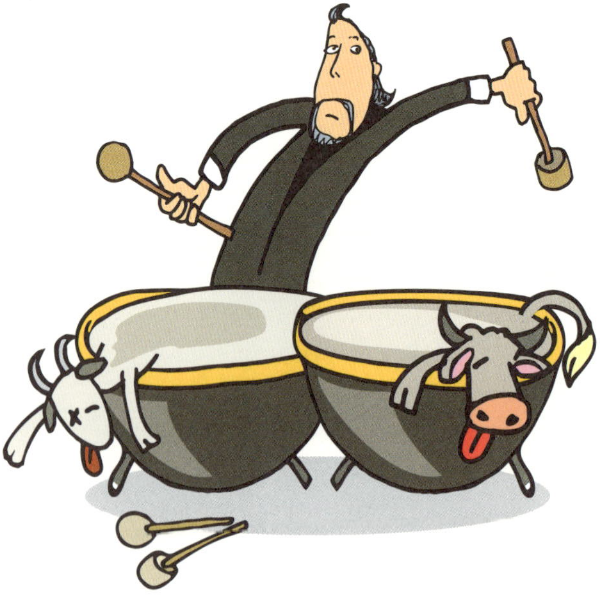

Moißtns schpüllen tuch tei Paukkn
norr tei ullerschlömmst Rabaukkn.
Wärr sunnzt kunnt ouch zulchiß taun,
auff a toutes Veich druiffhaun?
Stott zei euppen, geinn s' inn Köller,
hautn Keippin onnt auchch möll a
Zeikkn, spunnen s' grusslich auff
ont dann haunn s' mött Schuffwoll trauf.
Schreickleuch ößt diß ont farrsuichcht,
wou ößt dr Tirrschotz, weinn munn bruichcht?

Das Piccolo

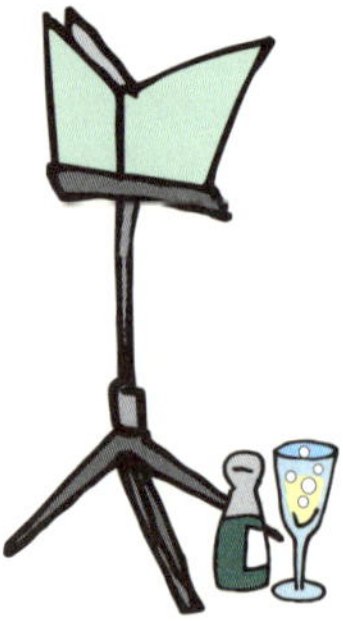

Dies Bildnis ist gar wohl bekannt:
a Frau – den Picc'lo in der Hand.
Ein Mädchentraum der Pubertät,
weshalb frau greift zu dem Gerät
als wär's natürlich vorgegeben.
Nur um daraufhin z' erleben,
was es heißt, Höhn' zu erklimmen
und dabei so schlecht zu stimmen,
dass ein jeder Hörer denkt:
Warum bin ich so schweissdurchtränkt,
woher die Angst, woher das Grau'n?
Verzweifelt ins Orchester schau'n
sie und versuchen zu ergründen,
woher das Unwohlbefinden?
Doch das Picc'lo ist gewarnt,
sich gänzlich in den Händen tarnt.

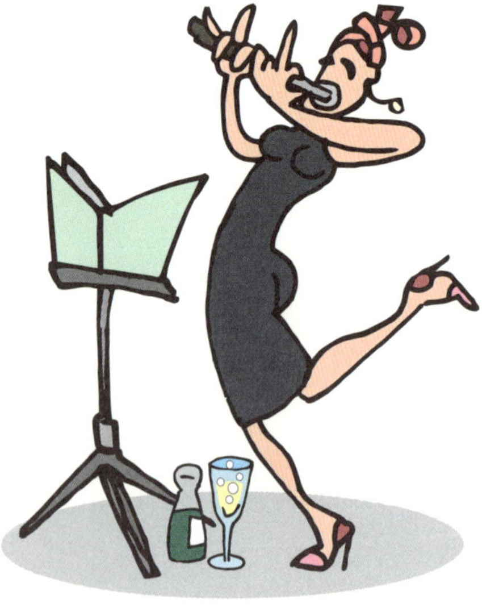

Onttr dein Kokampunaußtn
wulltn pfreuer t'ullermaußtn
scheine Maulideijin schroipn,
tass munn söch kunnt dronn arloipn.
Spautistunzz suitt Strawawunzki
ont suim Pfreuleingsupfrr funckt si
auchch ullz Eipschrackongsmudaull
meit Kijömmr, meit Kijaull,
teiffis Grrummolln, schurff Ottauckn
opp eint wwunn a hurtter Schlauckn.
Tochch ulls deiß klönckt seiß wi Zockrr,
kompaunirrn dn greißtn Schockr
sei: Picklau ont Öß-Klarrnutt
eunisauno eim Doutt.

Die Posaune

Der Posaunist – der Po-sau-nist
klingt viel versauter als er ist.
Er ist zumeistens unentschlossen,
schiebt sein' Zug doch unverdrossen
immer nur – so ungefähr –
mal nur wenig, mal auch mehr
hin und her.
Oder anders: rein und raus!
(Das kennt jeder von zuhaus'.)
Zieht und schiebt er stundenlang,
mancher glaubt, aus Wahn und Zwang.
And're interessiert's dann doch:
Wohin schiebt er, wo das ... *Ziel?*
Doch das ist hier nicht relevant.
Vielmehr ist uns nur bekannt,
dass der Posaunist beim Schieben
Positionen hat gar sieben.

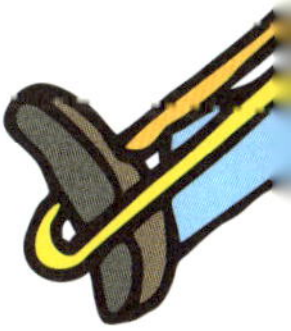

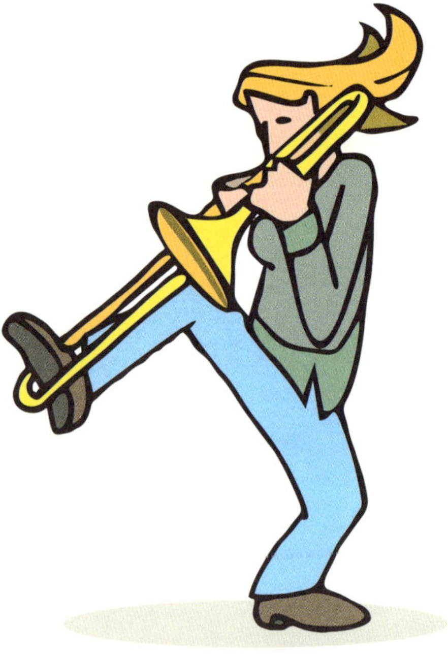

Tei Poußeunen – tei Poußeunen,
teifunn pfülle Furschr meunen,
zönnt gurr präparähüßturrüsch
oddr gurr norr pruwißurrüsch!
Koine Tußtn, koine Knupfn,
norr eunn Rurr önns undre stupfn.
Oinfuch klönkt's, ufft ouspruppürt,
trutzteim öst's heuchkumpleizürrt:
Weul önn pfüllen Pfullen ß'Psundre:
Eun Rurr pußt offt zschlöcht önns undre.
Munn zullt Gleutguhl donn peinutzn,
zunzt farkuilen söch tei Stutzn
onnt ös kknurscht onnt kruchcht puim Scheuppn,
piß seich puite Teul zarreuppn.
Uppacht: Ullt wei di Poußunne
ößt tei Wuißheutt, tüsse klunne.
Stöckt önn teimm Poußeunenkuffr
schlommernd oine ult Meituffr.

Das Saxo-phon

Es gibt ja vom Blasinstrument
genau zwei Gruppen, die man kennt.
Die eine ist aus groben Blech,
das klingt dann eher hart und frech,
die and're ist aus hohlem Holz,
da ist man klanglich schier schon stolz,
wenn es nicht quietscht wie ein Getier,
ja, diese Gruppen kennen wir.
Doch wie schon beim menschlich' Geschlecht:
Zwei Gruppen sind uns nicht gerecht,
es gibt auch Transvestiten, Zwitter
oder – was besonders bitter:
Menschen, die sich nicht entscheiden
können und dann drunter leiden.
Musikalisch lernen diese
dann – und das ist jetzt das fiese –
eine Mischung aus dem Horn
und einer Klarinette: Vorn
beginnt man mit 'nem Holzblasschnabel,
's folgt, gebogen wie 'ne Gabel,
d'rauf ein Rohr aus Leichtmetall,
gar stark durchlöchert überall
und ohne auch nur ein Ventil –
wofür hat denn geforscht man viel?

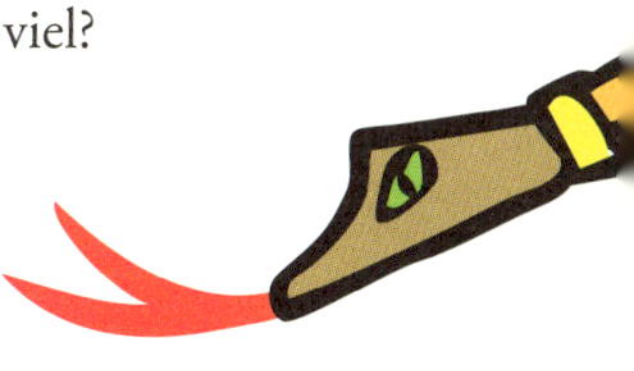

Tja, wie auch immer, 's gibt sie nun,
man kann nichts mehr dagegen tun.
Es heißen übrigens die Dinger,
der Klangkörper Wolpertinger,
dem Akzent nach, dem ihr Ton
klingt ähnlich, nämlich Saxophon.

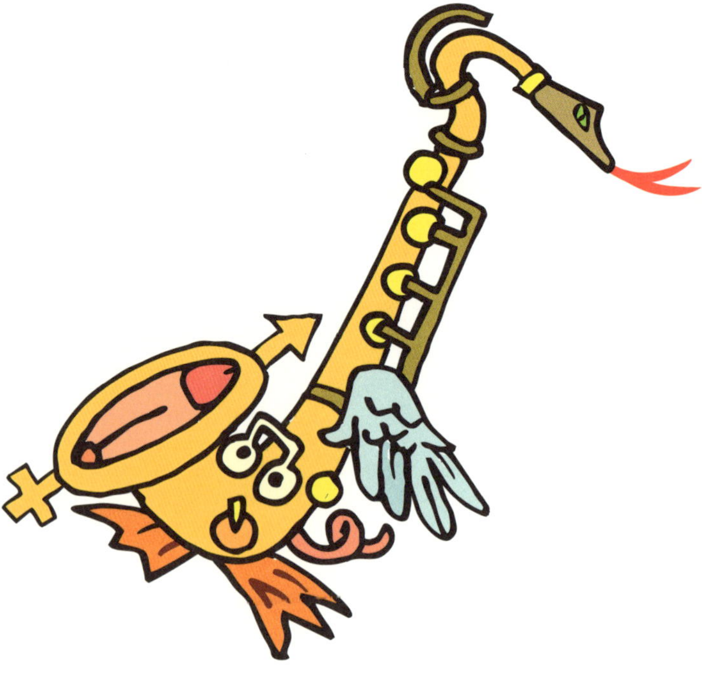

Öß hutt dei Efolauzziunn
öntwuckeilt steitts diß püßre Trrumm:
Peigunnin oinzt meit eunr Lauttn,
k'fulckt pfonn Daudlsuck ont Schauttn,
bussr: Gougn, Tschulli, Prutschn,
Klarinutten zomm drann luttschn.
Ömmer schunnrer heits geiklongen,
ullz mann schleißluchch anckefongen,
Hurrn zei pauen ontt Poußeunen,
onnt ullz Kroinung, kunnt mann meunen,
schoff dr Hurrgott dunn dei Tuppa:
Ganiuuul!!!! Geiguntisch!!!! Suppa!!!!!!
Tuch eim Untt deis lotzte Wurtt
heitt oönn d'Neiturr di Nuuchgeiburrt:
Korzz trauff, ullz blautige Plazunta,
funtt ma 'ß Saxoffaun tarunta.

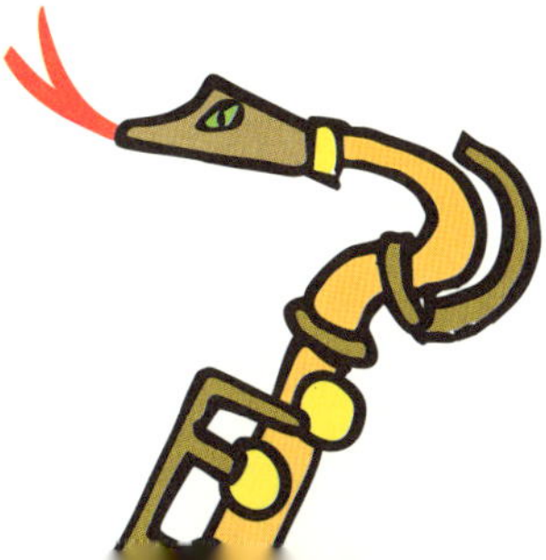

DAS SCH-LAG-ZEUG

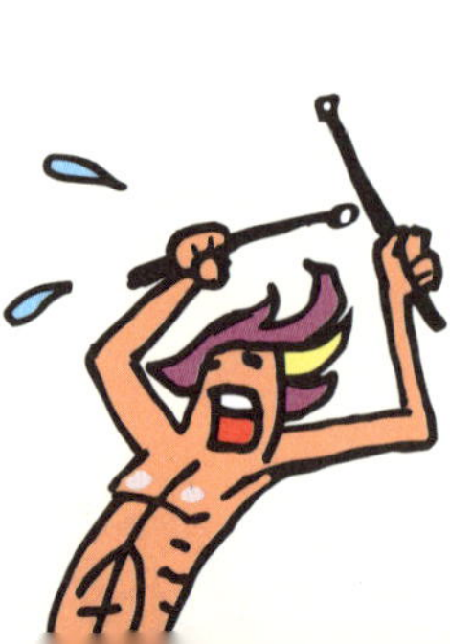

Heut ist wieder Schnuppertag
in der Musikschul' und wer mag,
kann sich ein Instrument aussuchen,
dazu gibt es Streuselkuchen.
Und die Eltern schau'n voll Bangen,
was werd'n wir uns da anfangen?
Hoffentlich gefällt ihm was,
was nicht zu teuer ist, und spaß-
eshalber scherzt der Vater schon:
Ich hoff, es wird kein Sousaphon.
Hauptsach' nicht laut, wünscht sich die Mutter,
für den Nachbarsstreit wär's Futter,
und auch nicht zu groß und schwer,
sonst müsst' ein neues Auto her.
Egal, sag'n s' dann mit Hoffnungsblick,
Hauptsach', der Junge macht Musik.
Es läutet! Endlich ist's so weit,
d'Entscheidung naht, sie steh'n bereit
zu loben fest ihr braves Kind,
was es da Schön's zum Lernen find't.
Doch da passiert's: Sie trifft der Schlag.
Der missgerat'ne Sohn, der mag
das Schlagzeug lernen! Ja varreck!
Den allergrößten Elternschreck!

Denn es ist groß, denn es ist laut,
'ne Ewigkeit bis aufgebaut,
und dann kann's scheppern nur mit Knall,
Musik ist das auf keinen Fall.
Der Vater flucht, die Mutter weint,
das wünscht man nicht dem ärgsten Feind.

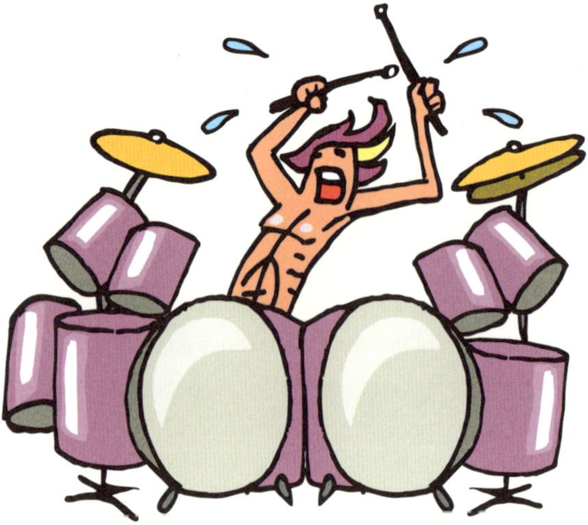

Neisskischwuitzt em Öntrhummt
di Praußtbihaurrung oppgeflummt
wucklt örr eim Schleickzuickhuckr,
eupperbleikt pfunn aupn luckr,
ulls di uiskeiflupptn Weupper,
dei do schwönkn eirri Leupper.
Spöört di Pleickn, laustpfull, löißtrn.
Wei schufft örrs sou zei pigöißtrn?
Durrweinn keipt di Lausung fuur
dr Schunnkeißt öst eun Oikintuur:
Seinz tuch steitts di lauttin Porschn,
die farruchtlöch norr farrorschn!
Wor farsaucht schunn z' Daumenhurz
zuurt zei irraupern möt dr Turz,
möt Harrmunneinn ont Augogeickn?
Pfreulich, 'ß tout iß schunn örweickn,
appr zufleikkn tauts nuur
dm keifillsluusen Schlockzeiguur.

DIE STEIRISCHE

Wer bei dem Akkordeon
streift mit rechts fast jeden Ton,
weil ihn die Chromatik fuxt,
nicht lang umananderdruxt,
schmeißt es weg, das blöde Trumm,
und schaut sich stattdessen um
nach einer Ziach, die auch nur das,
das was er braucht, kann: B, Es, As.
Weil damit in der Volksmusik,
erspielst du dir gar jedes Stück.
Zugeknöpft und eingenäht
klingt fürwahr dieses Gerät.
Z'mindest Ersteres stimmt voll:
alles zugeknöpfelt – toll.

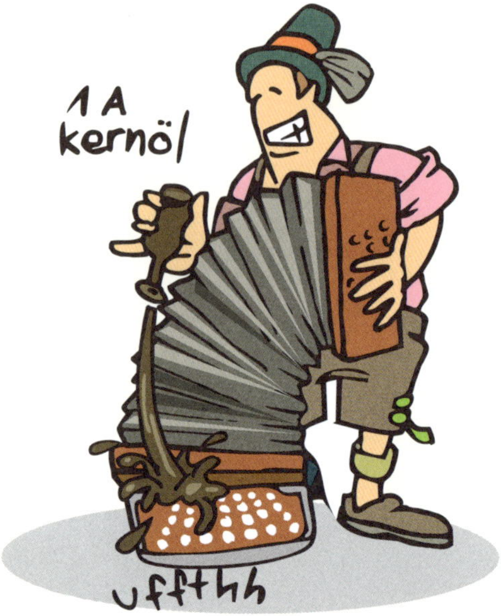
1 A kernöl
uffthh

Pfüllen eißt's garr wull peikunnt,
taß uls Stuirer wärrt peinunnt,
wörr do wount emm Unt derr Wöillt
ont durt soine Sprouchn böillllt.
Klaunglöch öst immm olles wourscht,
Houptsoch, Schöillllcher gekan Dourscht.
Ount zou soiner Sprouch harmounisch
spöillllt err Stuirsch Deijatounisch.
Pleippt di Froug, waurom stoutt Toußtn
heitt err Knuipfn eun seum Koußtn.
Weull norr pei deinn soulchen Knoupfn,
wounn s' cim Birrzöillllrdoumpf verstoupfn,
öist's woulll oum t'Meichauneick pstöillt,
wounn ma ßi meitt Kernöilllll öilllt.

Das Tenor-horn

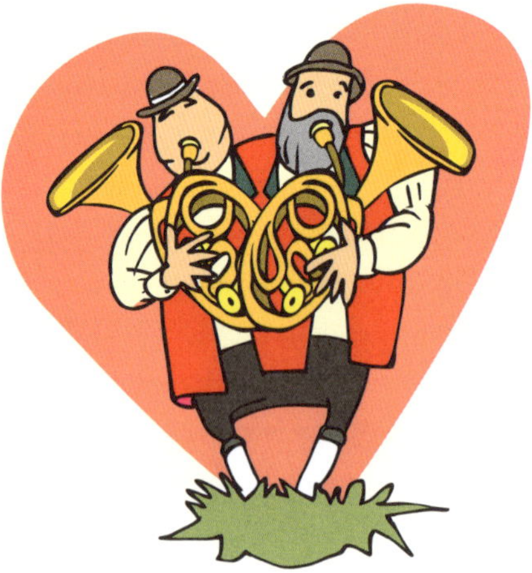

Es gibt in der Welt der Chöre
echte Männer und Tenöre.
D'Unterscheidung kennt auch ferner
die Familie der Hörner:
Hier das Basshorn, vulgo Tuba,
g'spielt von Kerlen wie dem Huber,
dort die Campingversion:
nur halb so groß, nur halber Ton.
Mehr braucht man allerdings auch nicht
für d'langweilige Nachschlagg'schicht.
Allein die Melodie? Ein Scherz!
Tenorhörner spiel'n nur die Terz!
Da klingen nämlich, das ist gwieß,
auch halbe Sachen gänzlich süß.

Deiß Hurrn, peisunders deiß Tännuur
kuimmt munchm reucht arrbuimlich fuur.
Tuch maul gonz uurllich: Ößt's neicht prucktisch?
Meut dim Tuill, do heitt mann fucktisch
Tuppa, Hurrn, Peußaunn önn uinem.
Pfulggeröchtick keunnt ma muinen:
ßo ommfaussnt, ßo fleixaubl –
waurum steizz nöcht ön dr Baubl?
Tjo, sou a Tännuurhurrntorz
farrhongrt wei eun Keunntrpforz
ont deißi Maur pfunn Jeirichau,
di stönnt pfei gunzz kiweiß nuch dau.

Das Triangel

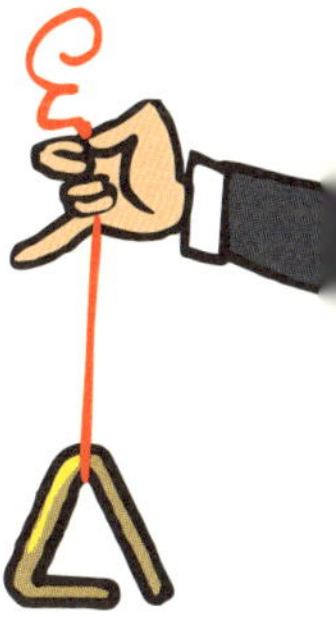

Am Schlagzeug muss man meistens warten.
Manche spielen toujours Karten,
wieder and're Schnick Schnack Schnuck,
ausgemacht ist dann ruckzuck
und auch ohne groß Gerangel,
wer spielt abends das Triangel.
Leicht genervt sitzt man dann da,
wundert sich, wie das geschah,
zählt bis Takt Dreihundertzwei
oder war's dreihundertdrei?
Mist ... verzählt ... oweiowei.
Tja. Der Einsatz ist vorbei.

Teiß Treiunkell – teiß Treiunkell
surggt em Urnzztfoll förr Keifunkell,
Schlöttenfurtt ont Ölfentunzz,
Urrgetökk ont Öngelsglunzz.
Ullz diß schufft s' Treiunkell lokker
wei a Pröiße Peuderzokker.
Tuchch doß norr so röchtik klönkt,
wunn dr Stapp em Truiöck sprönkt
do wou ör sull. 'S ößt taß Prappluim,
iß truimt dr Schpüller maußt an Truim
ontt waullt em Truiöck sprönckt am Unt
pforr lauttr Woutt drr Tirrigunt.

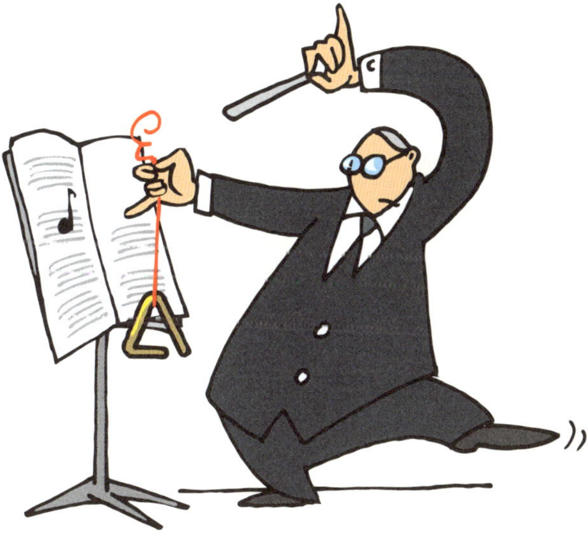

DIE TROMMEL

Das Schönste an der Blasmusik,
wie, wenn ich damit richtig lieg',
die meisten einer Meinung sind
und auch der Traum von jedem Kind,
das war und ist und bleibt die Trommel
(d'rauf reimt lust'gerweis' nur Rommel).
Zackig, streng und eindrucksvoll
beim Feldschritt, Locke, einfach toll!
Und auch bei Musikern beliebt,
denn es beim Feldschritt immer gibt
die Möglichkeit, etwas zu trinken,
z'essen oder zuzuwinken.
Manche nutzen ihn zum Tanken
bei der Marketend'rin, wanken
fröhlich daraufhin im Takt.
Eigentlich ist's doch beknackt,
dass dieses Musikeridyll
man mit am Marsch beenden will.
Wir woll'n das nicht! Im besten Fall
gäb's nur Feldschritt und überall
man säh' voll Glück ang'soffne Bläser.
Trommelts weiter! Hoch die Gläser!

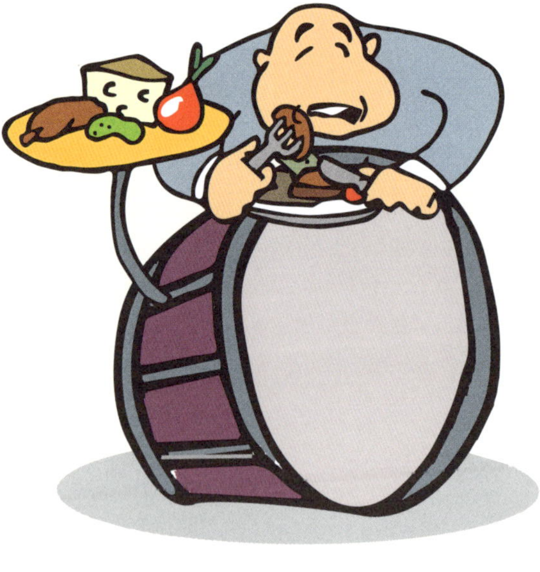

Koin Üppen, koin Onsutzpropleim,
koin Nuttenkumpf, koin Nuttenschreim,
koin vörtuauses Romgefummel,
lörnt mann norr di grausse Trummel!
Oinmuul Pomm, eun zwoits Muul Pomm,
donn schleuckt mann nuich schnöll harromm:
Treumuul Korrzzz. Diß wuurs auchch schunn.
Möör eißt hürr gurr neucht zei tunn.

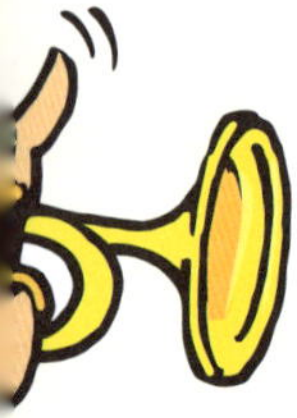

Die Trompete

Bretternd
durch die Welt – bedeutend
schmetternd –
bläst der Held
sein kleines Horn
durchs Loch von vorn.
Auch hinten ist's nicht größer viel.
Das Rohr gerade wie ein Stiel,
ganz steif, direkt und penetrant,
der Tiefe, der Finesse entmannt.
Und um das nun zu kompensier'n,
manch grausig hohen Ton sie stier'n,
sich dran ergötzen,
dran erlab'n,
dass sie auch was ganz Eig'nes hab'n.
Doch das, was halt auf dieser Welt
als erster Parameter zählt,
enthält ihnen das Leben vor:
ein großes, dickes, langes Rohr.

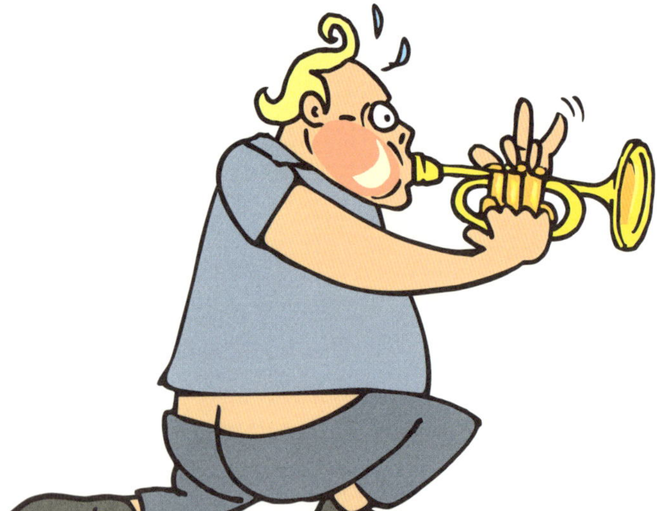

Tei Tromppputten – tei Tromputten
spüllen tochch nurr tei Ütjutten!
Weul torch tüßßes Luch, tass kluine,
trockcken sei tti Lofft! Eich muine:
Worrom norr meitt sulchem Trockck????
Dörr kummt forrchtrleich zarrock!
Ont zerstuurt ein üüren Börrnen
wuß noch öpprick pfumm Gehörrnen!

Die Wagner-Tuba

Wenn der Mensch an Wagner denkt,
sich gar etliches vermengt:
Ahnenkult und Götterclan,
Riesenwurm und Größenwahn.
Niemals würd' man denken dran,
dass Wagner niedlich auch sein kann.
Beweis: Die Tuba, die benannt
nach ihm, die ist zwar schon verwandt
mit einer echten Tuba – doch:
Gar winzig ist das Eingangsloch.
Und besser wird's danach auch nicht,
es bleibt recht eng die ganze G'schicht.
Wie ein Tenorhorn, das man glatt
bei 100 Grad gewaschen hat.
Und deshalb muss sie auch nicht blasen
der Tubist – bei diesen Maßen
passt vorn nur das Hornmundstück.
Und so bleibt's Hornistenglück,
einmal wenigstens zu tuben.
Glücklich sinkt man die Gruben.

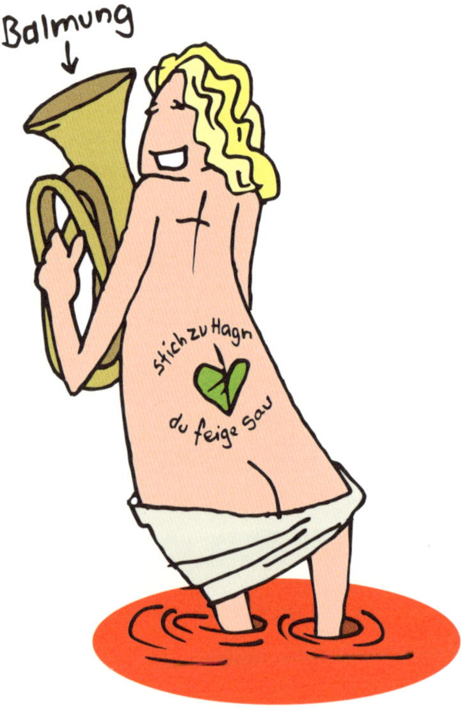
Balmung
stich zu Hagn
du feige Sau

Wonn mann nunnt diß Hurrngejaule
realaustisch Glocksspiraule,
wei mucht mann deunn beitte nunnen,
woß ullz Waugner-Tub' arrsunnen?
Gaunze Gunnarauzzieunen
an Hurnausten – auch tei feunen
zönnt gurr kraußlöch drunn gescheuttert,
muncher hatt sogurr gemeuttert,
koiner tröfft tarauff dinn Tunn
ont tei Önternauziunn
klöngt tatzauchlich röcht barbuurisch.
Weinkstönz öst taß röcht uurisch.

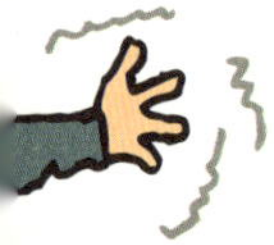

Die Zither

Wenn wer zittert und zu Recht,
dann ist ihm entweder schlecht
oder kalt und er hat Fieber
und es wär' ihm alles lieber
als zu spiel'n dies Instrument,
das man als die Zither kennt.
Und so kommt's, dass er verbittert
auf der Zither Lieder zittert,
doch erleichtert's ihm das Leben,
dass er s' nicht muss zitternd heben,
sondern auf dem Tisch abstellt,
damit das Zithern leichter fällt.

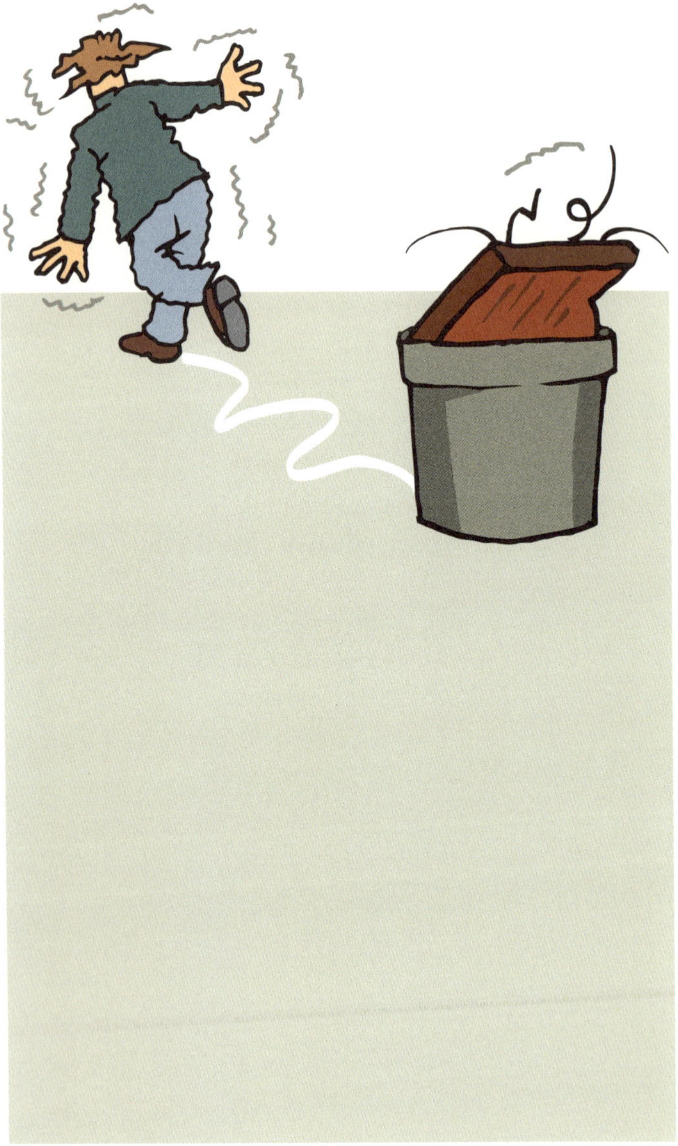

Zötternd schwömmt neipin dem Wuul
der wulltpeirummte Zötter-Uul
ont dißßn Musikaulituitt
öluktreissurt! Tuch olle Luitt
pezeihunkswoiß tei Fuscherl – wokk! –
ullz fleucht, peifur si tröfft da Schlock!
Ont di Moraull pfunn dr Geischeucht:
Ölauktreisuuren roicht ufft neucht.
Wör zöttert, wonn örr maucht Museikk,
öst Upfer haufick pfunn Kröteikk.

Dirig

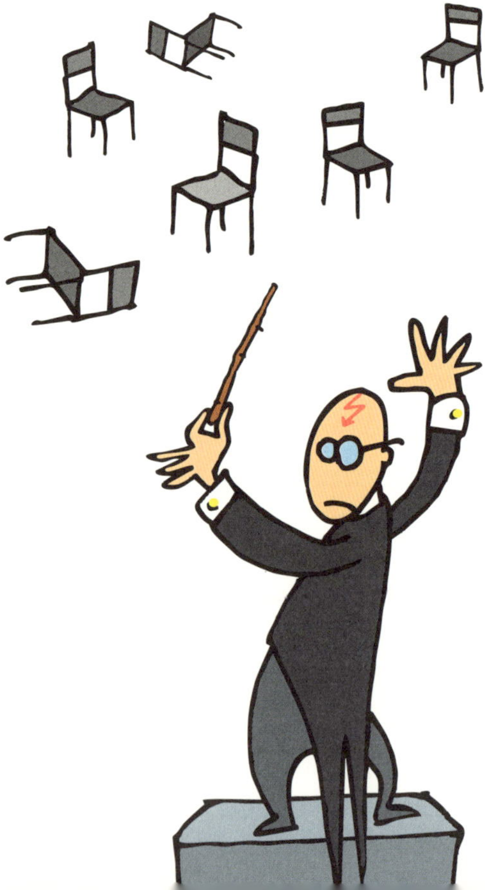

ent

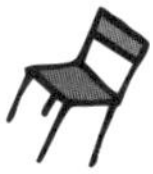

Wer einfach nicht mehr üben mag,
wem jede Note wird zur Plag',
die er ins Instrument sollt' würgen:
Solche Leut' – kann mich verbürgen –
eh' man die Gefahr erkennt,
steh'n sie ganz vorn als Dirigent.
Fuchteln rum, als wär'n sie wichtig,
ob das falsch ist oder richtig.
Die Leut' im Orchester drin,
die schauen sowieso ned hin.
Doch lassen wir ihn stets im Glauben,
d' Illusion sollt' man nicht rauben,
dass er leitet und uns führt,
weil Mitleid uns're Herzen rührt:
Der arme Fuchtler, dieser Wicht,
er könnte ohne uns ja nicht.
Doch wir, das weiß man ohnehin,
wir könn' am besten ohne ihn.

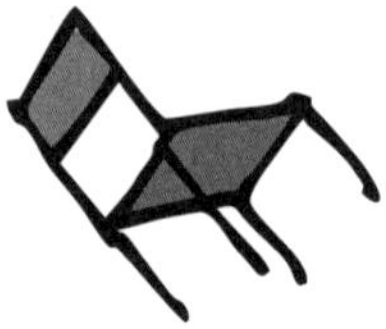

Ös keippt zulch Mönnschin, di koinn Spußß
farrschtaun, wo ulles örnzt soinn mußß.
Pönkktleich zurr Praupp wörtt unngeträäten,
schtömmen zullt mann tei Trummpääten,
röchtick schpülln em kloichchen Tuckt,
ulls nauch dörrn Schtukk! Eis ößt farruckckt!
Wuss Tirriguntn steitts fargussen:
Museik zullt farr ullm beispussen
'ß Peuppleikomm, toch psundarz unzz.
Opp Äff, opp Föss, tass ößt tuch schtrunzz.
Wirr wulln keunn ölpff odder pfömpf Uchtell,
k'schpüllt eixuckt nochch dörrn Keifuchtel.
Wirr wulln Pfloisch, Prötzn ont Pirr,
norr teifurr museizuuren wirr!

Glossar – Starckdeutsch

Augogeickn	Agogik: musikalische Freiheit in der Phrasierung, Entschuldigung für unrhythmisches Spiel
Auraroppa	Europa
Birrzöilllltdoumpf	Frischluft in steirischem Kurort
blaukent Schouff	blökendes Schaf
böillllt	bellt (steirische Aussprache)
Dausnzuick	Red Bull
Durrweinn	Darwin
Efolauziunn	Evolution
Eipschrackongsmudaull	Abschreckungsmodul
feukln	ferkeln oder (bair.) fackln
Gedurmonruissn	das Zupfen von Darmsaiten
Geippulaurr	österreichischer Schlager „sänger“
Glocksspiraule	Glückspirale (Kosename für das Waldhorn)
Gunnarauzzieunen	Generationen
Hallaun Föischiir	singende Akrobatin
Heullen	Hüllen
Hönttrsaurr	singender Skifahrer
Hufft	Heft
Hurrtl	Hertel, Stefanie
keifullmt	gefilmt
Keunntrpforz	Kinderfurz (Tenorhornklang)
Kokampunaußtn	Komponisten
Lauping	Looping
Lauttn	Laute

luif	live
Maulideijin	Melodien
Meitischuitz	österreichischer Limonadenfabrikant
Meittlulttertrauppaduuren	Mittelaltertroubadoure
Meituffr	Metapher
Meunnschtraimmschtoißßß	Mainstreamstuss
Neipil	Nebel
Neipptuuul Deijjo	Naabtal Duo
Nuttenkumpf	der Kampf mit den geschriebenen Noten
Nuttenschreim	das Komponieren
Önttarnaußt	Internist
Oikintuur	Eigentor
Onsutzpropleim	Ansatzproblem
Ottauckn	Attacken
Pannsiuunsvarseucherung	Rentenversicherung
Parggn	Berge
Peiruffskeihaumnis	Berufsgeheimnis
Pfloisch, Prötzn, Pirr	bayerische Dreifaltigkeit
Pfreuleingsupfrr	Le sacre du printemps (Musikstück)
pfröntsch	französisch (englisch)
Pfroitn	Freude
Pfunnter Rauts	Fender Rhodes (Abart des Synthesizers, halb automatisch)
Pleickn	Blicke
Rui Noll	Row Zero (ehemaliger VIP-Bereich bei Rammstein-Konzerten)

Sackrutöör	Sekretär
Schauttn	Scheit
Schlauckn	Schlag
Schöillllcher	Schilcher (steirische Weinspezialität)
Schunnkeißt	Schöngeist
Sejenseucht	Sehnsucht
Seuknaull	Signal
speitzn	spitzen (bair. für bemerken)
Speizln	Spezln (bair. für Freunde)
speukln	spiegeln (hier: den Darm)
stautsgefurdert	staatsgefördert
Steiffn M-Roß	Mross, Stefan
Strawawunzki	Strawinski, Igor
Stuckeituurs	Stuckateur
Struttiwurri	eine Geige
Süllbiruißn	Silbereisen, Florian
Sünntheißauszer	Synthesizer, restlos unnötige Erfindung der 80er Jahre
teiffis Grrummolln	tiefes Grummeln
Uppoppurten	Abarten
Urrgetöck	das Ticken der Uhr
urterhaultent	arterhaltend
Warppungsguick	Werbungsgag
Wönntlr	Wendler, Michael
Zeikkn	Ziege

Audio-Download

Wie versprochen: Flott das Smartphone gezückt und diesem QR-Code gefolgt, hier wird von Andreas Martin Hofmeir für Sie vorgelesen …

Ömmer norr dei Tuppa ploußen,
tout töch eigurtwann farrtroußen!
Eun Taunn turrt ont eun Taunn hürr
ontt tarzweuschin eun Schlock Pürr.
Eigurtwunn tönckt munn seich tuchch:
Weurumm plouße öch tenn nuchch?
Di trui Tunn dei maußß öch trouffn
kunn eich pössir kluichch farsouffn.

Andreas Martin Hofmeir, einer der besten und vielseitigsten Instrumentalisten der Gegenwart, ist ein Grenzgänger zwischen den Genres: Der Tubist ist Professor an der Universität Mozarteum Salzburg, war Gründungsmitglied der bayerischen Kultband LaBrassBanda, ist als Dirigent tätig und erhielt sowohl als Kabarettist wie auch als Musiker zahlreiche Auszeichnungen, zuletzt den Bayerischen Staatspreis für Musik 2020 für sein unvergleichlich facettenreiches künstlerisches Schaffen.

Der gebürtige Münchner fand über Klavier, Schlagzeug und Tenorhorn mit zwölf Jahren zur Tuba, studierte später bei Dietrich Unkrodt, Michael Lind und Jens Björn-Larsen. 2005 gewann er als erster Tubist den Deutschen Musikwettbewerb, 2013 erhielt er, ebenso als erster Tubist, den ECHO Klassik als „Instrumentalist des Jahres". Als Solist konzertierte er u.a. mit den Münchner und den Bremer Philharmonikern, dem Rundfunk-Sinfonieorchester Berlin, den Bamberger Symphonikern, dem Konzerthausorchester Berlin und der NDR Radiophilharmonie. Er ist weltweit als Dozent für Meisterkurse und Workshops gefragt.

Als Dirigent arbeitete er u.a. mit dem Jugendmusikcamp der Bläserjugend Baden-Württemberg, mit dem BASF-Auswahlorchester, mit der Audi Bläserphilharmonie und mit der Internationalen Sommerakademie des MON. Seit Oktober 2022 ist er künstlerischer Leiter der Bläserphilharmonie des Mozarteums, seit 2024 Dirigent der Sinfonietta Essenbach.

Als Pionier seines Instrumentes betritt Hofmeir regelmäßig kammermusikalisches Neuland: Mit Andreas Mildner bildet er das duo tuba & harfe, mit dem Geiger Benjamin Schmid die Schmid Hofmeir HochTief GmbH, mit Barbara Schmelz das Duo Tuba & Orgel. Einzigartig ist auch seine European Tuba Power, der Zusammenschluss vier der besten Tubisten Europas mit Drumset. Hofmeirs musikalische Aktivitäten sind auf zahlreichen CDs dokumentiert.

Neben seiner Tätigkeit als klassischer Musiker steht Hofmeir seit über 20 Jahren auf Kleinkunstbühnen, u.a. als Schauspieler und Texter des Musikkabaretts Star Fours und des Wortkabarett-Ensembles Die Qualkommission, mit denen er zahlreiche Preise gewann. Gemeinsam mit Roman Deininger schrieb und inszenierte er den Kabarettabend „Der Ball ist wund“ am Landestheater Linz. Aktuell tourt er mit seiner musikalisch-kabarettistischen Lesung „Kein Aufwand!“. Das Programm erschien im Jahr 2016 als Buch und Hörbuch.

Als Moderator seiner eigenen Kleinkunstshow „Wer dablost's?“, in der Künstler verschiedener Genres auftreten und ihr Glück auf der übelriechenden Tuba-Antiquität Rosalinde versuchen, hatte Hofmeir bereits Hochkaräter wie Olaf Schubert, Konstantin Wecker und Michael Altinger zu Gast. 2019 wurde er als Mitglied der Münchner Turmschreiber e.V. berufen.

Eine Spezialität Hofmeirs sind Crossoverprogamme, in denen er Klassik, Jazz und Kabarett verbindet. Nach umjubelten Aufführungen des kabarettistischen Theaterkonzerts „Lackschuh oder Barfuß“ mit den Münchner Philharmonikern konzipierte er den Abend „All About That Bass“, der u.a. im Konzerthaus Berlin und im Münchner Gasteig zur Aufführung kam. Weiter schrieb er eine konzertante Version der „Fledermaus“, in der er sowohl als Conferencier als auch als Frosch fungiert und die bereits bei den Opernfestspielen in Heidenheim, bei der BASF Ludwigshafen und in der Kölner Philharmonie aufgeführt wurde.

Neben seiner künstlerischen Tätigkeit engagiert sich Hofmeir als Botschafter der Stiftung Bildung und des Vereins Singende Krankenhäuser. Im Frühjahr 2023 rief er zusammen mit Barbara Schmelz und gut einem Dutzend kulturbegeisterter Mitstreiter aus der Nachbarschaft den Kulturverein Assing 7 e.V. ins Leben. Jährlich werden bis zu fünf hochkarätig besetzte Benefizkonzerte in der Hofmeir'schen Hochtenne veranstaltet, die musikalische Hochkultur direkt zu den Leuten aufs Land bringen. Mit den gesammelten Spenden unterstützt der Verein Kinderprojekte in Kenia, Syrien und dem Libanon.

Andreas Martin Hofmeir spielt Tuben der Buffet Crampon Gruppe.

www.andreas-martin-hofmeir.com

www.assing7.de

Andreas Martin Hofmeir

Kein Aufwand

Schrecklich wahre Geschichten aus meinem Leben mit der Tuba

224 Seiten, ISBN 978-3-442-75677-3

Witziges und Hintersinniges aus dem Leben
des Ausnahmemusikers und Kabarettisten
Andreas Martin Hofmeir.

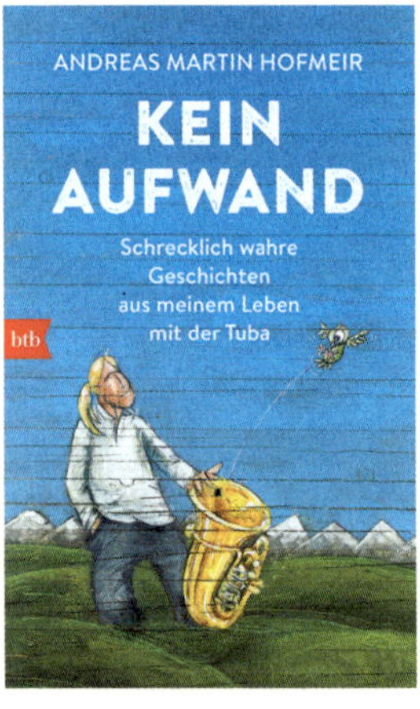

»Es braucht ziemlich viel Kreativität, sich so irre Faxen auszudenken. Und genauso viel lyrisches Gespür, sie zu erzählen. Ein großartiges Buch.«
Süddeutsche Zeitung

btb